裁判と法律あらかると

東京簡易裁判所判事　恩　田　　剛

はじめに

新聞の紙面を騒がす凶悪な殺傷事件、凄惨な交通事故、醜悪な政治汚職等、今も昔も後を絶つことはありません。テレビのニュースでも、昨日はいじめ、今日は放火、明日は殺人と絶え間なく事件が起こり続けます。

こうした暗い刑事事件が報道を賑わす一方で、法律バラエティーでは、貸したお金は返してもらえるかとか、こんな理由で離婚できるかなど様々な日常の民事事件をおもしろおかしく紹介することで人気を博している番組もあります。

どうして多くの人は、世の中を暗くする刑事事件に強い関心を持つのでしょうか。そして、どうしてお金の貸し借りや離婚等他人の民事事件の解決方法を知りたいと思うのでしょうか?

人は、みんな単なるゴシップ好きだから?人の不幸は蜜の味?程度の差はあれ、誰もが持っている感覚だと思います。

でも、それだけでしょうか？　私は、もう少し違う理由もあると思います。


それは、自己防衛の意識です。

多くの人は、新聞やテレビで話題になるような事件を起こす火種を、多かれ少なかれ、自分の心の中に持っているのではないでしょうか。一つ間違えば自分が罪過に溺れる犯罪者になる……だから知りたくなる、「この人はどうしてこんな犯罪を犯してしまったのだろう」と……。

また犯罪被害者の立場を考えると、「なんてお気の毒な人だろう、もし自分が、家族が、同じ目に遭ったら、どんなに切ないだろう」と……。

そして、民事事件に至っては、「こんなトラブルに巻き込まれたとき、どんなふうに解決したらいいのだろう」と……。

だから、他人事なのに、他人事に思えずに、つい夢中になって見るのではないでしょうか。

これは、今流行の「病気がみつかる○○」などという健康番組も一緒です。

こうして強い関心をもって新聞報道やテレビ番組で事件や事故を見聞きする人の中には、さらに、その先として、この事件や事故を解決するための法律や裁判の仕組みはどうなっているのかなとちらっと考えながらも

⑴ そんなこと専門家にまかせとけばいいと思い最初から食わず嫌いの人
⑵ 興味を持ちながらもなんか難しそうだなと思いためらっている人
⑶ 日常生活で接する法律問題に強い関心を持ってこれから勉強したい人
⑷ そうしたことをきっかけに法律系の国家試験等にチャレンジしたい人

など様々な人たちがいると思います。

⑴の食わず嫌いの人ですが、それでも今、本書を手にとって見ていただき、ありがとうございます。日常生活の中では、どのようなトラブルが待ち構えているか分かりません。そんなとき、本書で得た知識が専門家を見極めるときの何らかの知恵としてお役に立てていただければ幸いです。

例えば、振り込め詐欺等では、ニセモノの弁護士が出てくることもありますが、バッジや名刺だけで信用してはいけません。弁護士は弁護士会に登録したときの登録番号というものがあります。しかし、ニセモノは、所属弁護士会もなければ登録番号も持っていない

ので、尋ねられても答えられないのです。こうしてニセモノを見極めます。

本格的に専門家を付ける前に、自分で自分の身を守るのは、救急車が来る前に、応急措置をするのと同じことです。

(2)の難しそうだとためらっている人ですが、そんなことはありません。本書は、法律を全く勉強した経験のない方でも無理なく楽しく読んでいただけるように、なるべくやさしい言葉を使っています。それから、本書は、ファースト・ステージ、セカンド・ステージ、サード・ステージで構成されていて、最初のうちはもっともやさしく、その後、ちょっとずつレベルを上げた内容となっていますので、無理なく読み進んでいただけます。

(3)のこれから勉強したい人、是非とも、本書をご活用いただき、さらに法律や裁判への興味関心をもって勉強していただけたらと思います。

幕末の儒学者に佐藤一斎という人がいました。佐藤一斎は、あの吉田松陰の師匠である佐久間象山の師匠、つまり、吉田松陰を孫弟子とする偉い先生ですが、その佐藤一斎が次のような言葉を残しています。

「少《わか》くして学べば、壮にして成すことあり、壮にして学べば老いて衰えず、老いて学べば、死して朽ちず」

その意味は、「若いころから学べば、壮年になってから大きなことを成し遂げることができる、壮年になってから学べば、年老いても衰えることがない、年老いてから学べば、死んでも学んだその精神は決して朽ち果てることはない」というものです。学ぶということはとても素晴らしいことです。法律を学ぶことが、もしも全く新たな挑戦であれば、是非、本書をご活用ください。

(4)のチャレンジしたい皆さん、人生はチャレンジです。どのようなことがきっかけになり人生が変わっていくか分かりません。これから法曹や国家資格を目指す高校生や法学部生、就職したばかりの社会人、転職を考えて法律を覗いてみたいと思っている方、リタイアしたあとの第二の人生にと考えておられる方、そんな方々にとって、もし、本書が、これからの法律の勉強のモチベーションとなり、あるいは、踏み台となって、さらに高いレベルに到達され、それぞれの目標を達成されるためのスタートラインとなることができれば、筆者としてこれに勝る幸せはございません。

なお、本書の随所に出てくる民事事件や刑事事件は、読者の皆さんにイメージを抱いていただくために、まるで本当にあった出来事であるかのように描いたものですが、全てフィクションであり架空のお話です。

最後になりましたが、本書の出版にあたり、元京都地方検察庁の検事正で早稲田大学大学院法務研究科教授の太田茂先生にひとかたならぬご指導を賜りました。また、ハフィントンポスト日本版の高橋浩祐編集長より、温かい応援メッセージをいただきました。この場をお借りして感謝申し上げます。

平成二十七年十二月

東京簡易裁判所判事　恩田　剛

推薦のことば

早稲田大学大学院法務研究科教授（元京都地方検察庁検事正）
太　田　茂

恩田判事（恩田さん、と呼ばせていただきます）は、私が平成17年夏から約1年半にわたり長野地方検察庁の検事正として勤務した全期間、同庁の検事として大いに活躍されました。そのご縁により、今日までずっと交友が続いています。恩田さんは異色の経歴の持ち主で、昭和62年春に大蔵省銀行局の大蔵事務官として公務員生活をスタートしたのち、東京地方裁判所刑事部の書記官に採用され、最高裁判所の刑事局や総務局等を経て、副検事試験に挑戦・合格し、平成11年水戸区検察庁副検事に任官されました。そして副検事として約4年の勤務ののち特任検事試験に合格し、東京地方検察庁に配属後、平成17年春に長野地方検察庁に異動されました。

特任検事とは、法務省で行われる特任検事試験に合格し、司法試験合格者と同じ立場の検事に任命されるものです。この試験は、検察庁出身者が多数を占める副検事の間でも、極めて優秀な者のみが挑戦し、その内容は司法試験にほとんど匹敵する高度なもので、年間の合格者はわずか数名にすぎません。

長野地方検察庁での恩田さんの働きぶりは目覚ましいものでした。明るく協調性があり、極めてシャープでフットワークがよく、また実にアイデアマンです。恩田さんは、国税局と合同により会社社長らを検事逮捕して起訴した消費税法違反事件、全国に10億円もの被害をもたらしたアダルトサイトの架空請求振込詐欺事件、徴税逃れに架空会社を設立して資産を隠匿した国税徴収法違反事件等の重要複雑事件における共同捜査の主要メンバーとしてはもとより、刑法改正による人身売買罪の全国初適用事例となったフィリピン人女性に対する人身売買事件等の重要事件の主任検事として極めて的確な捜査を遂行してくれました。また、当時、施行が間近だった裁判員裁判の模擬裁判では、その抜群のアイデア力で効果的な主張立証の方策検討にも大いに力を発揮しました。検事の数が限られている中で、大事件が並行して発生すると、その捜査を誰に担当させるかは検事正や次席検事の悩みの種にもなります。しかし、恩田さんの積極溌剌《はつらつ》とした仕事ぶりは極めて頼りがいがあり、私は「困ったときの恩田さん」との合言葉で、恩田さんにいくつもの難しい事件を同時に担当してもらうなど、大いに助けられました。

そのような恩田さんは、必ずや検事として大成する、と確信していたので、その後、簡易裁判所判事の道に進むと聞いたときには、残念な気持ちがしたのが正直なところです。しかし、考えてみると、これまでの多彩な経験・能力を踏まえて、古巣である裁判所において裁判官としての道を歩むのは、むしろ恩田さんにとってふさわしい人生の選択であろうと感じ、当時の職場の仲間たちとともにその転進を大いに祝福した次第です。

恩田さんは、今年の夏に「令状審査の視点から見たブロック式刑事事件令状請求マニュアル（立花書房）」を世に出されました。その内容は、恩田さんらしく、非常に分かりやすく実務の貴重な指針となるものだと感心していました。今般、さらに本書を発刊されるということで「推薦のことば」を書く機会を頂きましたが、前著とはまた趣が異なり、恩田さんのこれまでの経験・努力や発想の豊かさと幅の広さに敬意を表すべき貴重な労作との感を深くしました。

私を含め、法律家が書物や論文を世に出す際に陥りやすい傾向として、専門性や緻密さを志向する余り、その内容が幅広い読者層から見て容易に近寄りがたいものとなりがちです。本書は、恩田さんの豊かな職務経験を踏まえ、法律にまつわる様々な問題や実情を、

「法律書」や「講義」がましくなく、法律にまったく縁のなかった方々に対しても分かりやすく紐解いています。それらは、刑事、民事のみならず行政の諸分野の問題にも及んでおり、改めて恩田さんの柔軟で幅広い学識経験に感服させられます。

例えていえば、「司法」という高い山に登るについて、私のように刑事の分野に限られた一斜面のみから登るのでなく、四方の裾野から、様々なルートで山に入り、その自然の豊かさを味わいつつ、登る人の体力・意欲に応じてより高い山頂を目指していく、というイメージが本書の特徴ではないか、と思います。法律専門家の一員として30数年の経験のある私でさえ新鮮な驚きを感じたり、私にとっては疎い分野の問題について啓発を受けるところが少なくありません。

恩田さんの「はじめに」の末尾に「本書が、これからの法律の勉強のモチベーションとなり、あるいは、踏み台となって、さらに高いレベルに到達され、それぞれの目標を達成されるためのスタートラインとなることができれば、筆者としてこれにまさる幸せはございません」と書かれておられることは、まさに本書の意義を的確に示していると思います。本書が、職業や年齢などを問わず、多くの人に読まれ、活用されることを願ってやみません。

目次

セカンド・ステージ

サード・ステージ

ファースト・ステージ

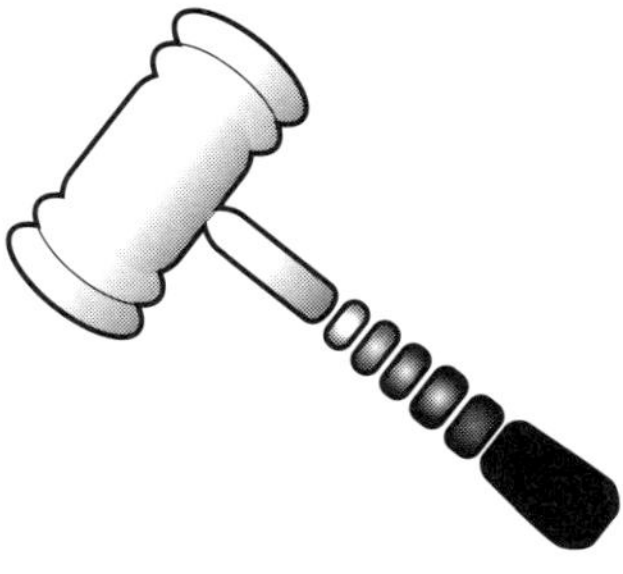

ジャッジ・ガベル

　イラストのトンカチみたいなものが裁判官が法廷で使う「ジャッジ・ガベル」という木槌です。アメリカの法廷映画で、裁判官が、「Order、Order（静粛に、静粛に）」などと低い声で言いながら木槌をコンコンと打つ場面が思い浮かびます。裁判の象徴的な道具のように思われがちですが、残念ながら、日本の裁判所では使われていません。

1　ママ、ごめんなさい……

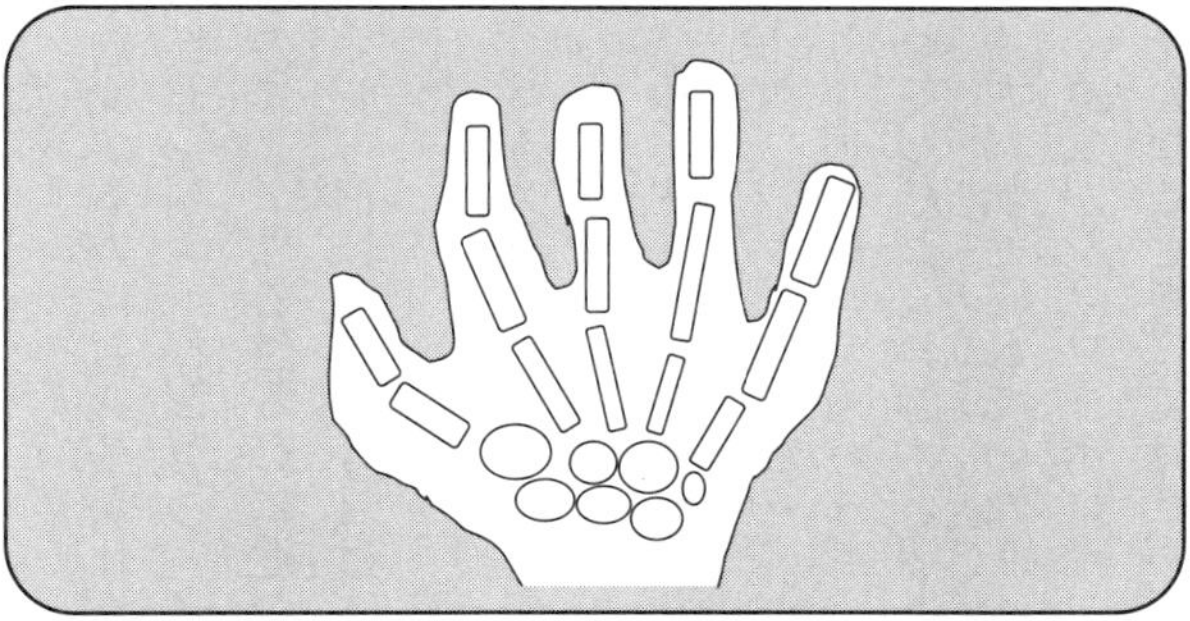

1　ある児童虐待の事件から……

A子、31歳、主婦。毎日のように続く夫の殴る蹴るの暴力に耐えかね、ついに、小学2年生になったばかりのB子を連れて、着の身着のままで家を飛び出し……。

それから数年が経ち、A子は、働いていたパチンコ店の従業員Cと親しくなり、CがA子のアパートに転がりこむ形で同棲を始めました。

その後、しばらくしてCはパチンコ店を辞めて昼間からブラブラするように……。Cは、そもそも怠け者で、いい加減な男でしたが、女遊びをするでもなく、以前の夫のようにA子に暴力を振るうようなこともなく、むしろとても優しく接してくれていたので、A子にとってはどこまでも素晴らしい男性でした。

そんなCが豹変するのは、A子が仕事に出かけた後です。

C「おい、B子、ちょっとこっちぃ来い！」

B子は、無言のまま、恐る恐るCに近づきます。

C「よし、オレの前に座れ。今日は、ハンカチのアイロンがけ教えてやる」

B子「はい……」

C「いいか、オレがやるのをよーく見てるんだぞ」と言いながら、Cはハンカチをアイロンがけします。

C「ほーら、見てみろ。しわが伸びてキレーになっただろ。今度は、お前がやってみろ」

B子「は……はい……」と言い、ハンカチのアイロンがけを始めたのですが、逆にしわだらけになり、何度やってもうまくいきません。

C「なにやってんだよ！お前！小学生にもなってそんなこともできねぇのかよ！」と怒鳴るや、まさに熱せられていたアイロンの底をB子の左腕にグイッ！アイロンの底から勢いよく蒸気がジュワーボコボコと噴き出し、「うわぁぁぁー」とB子の悲鳴が。

C「おい、そんなことで、でけぇ声だすんじゃねぇよ！近所迷惑だろうが！」と吐き捨てるように言いながら、B子の顔を平手でピシャリ!

B子は、恐怖と火傷の痛みで顔を真っ赤にさせ涙を流しながらも、Cの前で正座してうつむいたまま、「はい……ごめんなさい……」と答えるしかありません。

夜になってA子が仕事から帰ってくると、B子の異変に気づきました。A子はB子に問いただしますが、B子は無言です。これを聞いていたCが、「そういえば、昼間、B子がアイロンで遊んでたから、自分で火傷したんじゃねーか。大したことねぇよ」と言うではありませんか。

A子は、これを聞いて、すぐにCの仕業だと察知しましたが、Cの機嫌を損ねたくありません。それ以上、なにも追及せずに夕飯の支度を始めました。

そして、食事時……B子は箸がうまく使えず、最初のうちは箸を持ったような形をしているのですが、食べている途中で箸を握るような形になってしまいます。

A子「あんた、なんでお箸をちゃんと持てないのよ!イライラするわね。あたしだって疲れてるの!」

B子は、けなげに黙って箸を持ち直そうとします。

A子は続けて、「こんなことだから、アイロンで火傷なんかするのよ!」と……。

そのとき、B子の左腕の火傷は何の手当もされておらずそのままでした。

2 人間の手の骨の構造

冒頭のイラストを見てください。人間の手の骨は、片手で27個あります。そのうち、それぞれ、指の骨（指骨）が14個、手のひらの骨（中手骨）が5個、手首から手にかけての細かい骨（手根骨）が8個あります。

これらの骨のうち、とくに手の動きをコントロールするのに重要な役割を担っているのが、細かい8個の骨でできている「手根骨」です。それぞれ手根骨を構成する細かい骨は「月状骨」、「舟状骨」、「豆状骨」等と名前がついています。でも人間は、最初からこの細かい8個の骨を持っているわけではないのです。おおよそ月状骨は4歳くらいまでに、舟状骨は5歳くらいまでに、豆状骨はなんと12歳くらいに完成するのです。つまり、この手根骨が全部完成するのには生まれてから中学生になるくらいまでかかるということです。大人と同じ数だけの骨がそろっていない子供の手先が大人のように器用に動かないのは当たり前のことなのです。

A子は、そんなことに思いを致すこともなく、B子の手先の不器用さを責めます。本来B子を守るべき母親がCの顔色をうかがい、B子に対しては冷たい仕打ちばかりです。

3　そして、ついに事件が明るみに……

その後も、B子は、Cから何か因縁をつけられては、殴られたり蹴られたりと暴力を振るわれ、身体のあざが癒えることはありません。そんな様子は、次第に近所の人たちにも漏れ聞こえるようになっていきました。

そして、ついにB子を苦しめてきた事件の全貌が明るみになるときがやってきたのです。Cは、B子に料理の練習と称して、野菜を包丁で切るように命じたのですが、思うように野菜が切れません。すると、Cは、またいつものように、「なんだ、こんなこともできねぇのか！」と言い、B子から包丁を取り上げ、その刃の部分をB子の頭に、コツンとぶつけるようにたたきました。

Cとしては、ちょっとB子を傷つけて脅かしてやろうと思っただけでしたが、そのとき、B子の頭から思いのほか出血し、B子の顔面は頭からの出血でみるみるうちに血だらけになってしまいました。

B子はもう怖くて怖くてたまりません。「うわぁぁぁーん」と大声で泣き叫びながら、裸足でアパートの外に走って逃げだし、必死の思いで近所の部屋に飛び込んで保護されました。

こうしてB子は児童相談所で保護されることとなり、CはB子に対する傷害罪で逮捕となったのです。当初、Cの罪はB子の頭を包丁の刃の部分でコツンとたたいた傷害罪だけしかなく、それで起訴も終わりかと思われました。ところが、近所の住民の何人かがB子の様子を心配し、火傷の写真や身体のあざの写真を撮ってそれを児童相談所に届け出ていたことが分かり、こうした住民の供述や写真、取り寄せた児童相談所の記録にある事実、さらにB子からよく話を聞いたことにより、半年間の十数回にわたるB子に対する虐待の全貌が明らかになり、その全ての事件について起訴することができました。

Cが刑事裁判を受けるのは、B子に対する児童虐待が初めてでしたが、そのまま実刑となり刑務所で反省の日々を過ごすことになったのです。

B子については、児童相談所の判断もあり、当分、児童福祉施設で生活することとなりました。しかし、母であるA子は、B子を引き取りたいと申し出るどころか、結局、B子のところには顔を出すことさえありませんでした。

Cのところには毎日のように面会に行っていたのに……。

私は、Cの判決を見届け、その事件の捜査、公判を全て終えた後、B子に会うために児童福祉施設を訪れました。

「B子ちゃん、とてもつらい思いをしたけど、もう大丈夫だよ。これ以上嫌な思いすることはないからね。これは検事さんの前でちゃんとお話ししてくれたご褒美。はい、どうぞ」と言い、小さな水色のキャラクターのぬいぐるみを渡しました。

すると、B子は、「ありがとう……。これ、みて……」と言い、二つに折られた小さな紙切れを手渡してきました。「ママにおてがみかいた……」

その手紙を開くと、そこには、小さな心を痛めながら書いた言葉がたった一言

　　ママ、ごめんなさい

とありました。

B子ちゃん、あなたが謝る理由なんて一つもないんだよ。

4 暗数《あんすう》

犯罪が発生したにもかかわらず、これが捜査機関に知られずに統計上現われてこない数を、犯罪学という学問の世界では、暗数《あんすう》といっています。

いろいろな理由から犯罪が発覚しないことが考えられます。紹介した小さな子供や精神障害者などの社会的弱者が被害に遭う事件もなかなか発覚されにくい類型の事件です。仮にこうした事件で、傷害罪などで一件だけ立件されたとしてもそれは、ほとんどの場合が氷山の一角でしかありません。

こういう事件は、一つ顔を出したら、その性質からその事件の前後に相当の期間、同様のあるいはそれ以上の犯罪行為が行われていることはまず間違いありません。ですから、それを当然の前提にしたうえで、子供たちや精神障害者から根気よく話を聞き、その話一つ一つについて丁寧に裏付けをとるなどきめの細かい捜査が必要になります。

真実の解明とその刑事責任の追及は、犯人を重く処罰することだけが目的ではありません。その事件の全貌を明らかにしなければ、虐待をした人間は、自分の責任の重さに気づくことはできませんし、被害者の痛みが癒えることもありません。被害者は、誰かに知ってもらいたいのです。どんなに痛かったのか、どんなにつらかったのか、どんなに悲しかったのか……。特に、それをうまく伝えきれない子供たちや障害のある人たちであれば、なおさらです。

2　自殺か？それとも他殺か？

1　検察官の検視

変死体が発見されると、まずは、検察官が、その死体が犯罪によるものか、つまり犯罪死かどうかを調べなければなりません。そして犯罪死の疑いがあると、検視をきっかけとして犯罪捜査が始まります。

ただ、全ての犯罪死、変死体等について検察官が検視をするわけではありません。交通事故死を考えてもらえば分かりますが、そうした死体についても全て検察官の検視が必要になると、とても検察官の数では対応できません（全国に、警察官は30万人ほどいますが、検察官は2千数百人くらいしかいません。）。ですから、交通事故死等の相当数発生する事案については、代行検視といって、検察官の代わりに警察官が検視をしています。なお、「検視」のことを、「検死」あるいは「検屍」などということもありますが、日本の法律上は、正しくは「検視」です。

いずれにしましても、検視の結果、犯罪死か犯罪死の疑いがあると、被害者が死亡した原因となった犯罪がいかなるものであったのか、その犯人が誰かについて犯罪捜査が始まり、死因の解明等のために死体解剖も行われるわけです。

この死体解剖は、通常、大学等の研究機関にある法医学教室の医師に依頼して実施します。ですから、まず医師に連絡をして解剖の内諾をとり、それに基づいて、裁判所に鑑定処分許可状という令状を発付してもらい、いわば、裁判所の許可をもらって、いよいよ死体解剖ということになります。

どこかのテレビ局の番組で、「法医学教室の○○事件簿」とか、「何とか法医学の事件ファイル」とのタイトルでドラマに出てくる主人公の女性医師がしばしば言うセリフに、「亡くなられた方の無念の声を聞く……」などというものがあります。医師らと共に死体解剖に立ち会う私たちも、真剣に亡くなられた方と向き合い、その無念の思いを少しでも晴らしたいという思いで解剖に臨みます。

時には、若い司法修習生を勉強のために死体解剖に連れて行くことがありますが、修習生の中には、死体自体を見るのが生まれて初めてで、その場で貧血を起こして倒れてしまう人もいます。ちょっとかわいそうな気もしますが、私たち、法律家は、人の生命、財産、名誉などあらゆるものを守っていかなければなりません。そのためには、世の中の醜悪はもちろんのこと、ご遺体の凄惨なお姿も、全て直視していく覚悟が必要です。

ですから、私は、死体解剖の現場で貧血を起こして倒れる修習生を見るたびに、心の中で、「どうか、これを機会に少しでも強く頼もしい法曹になって欲しい」と願うわけです。

ちなみに、私は、初めて死体解剖に立ち会ったという事務官とは、解剖が終わった当日の夜、本人が嫌がらない範囲で、一緒にホルモン焼きを食べに行くことにしています。決して、亡くなられた被害者や死体解剖自体を軽んじているわけではなく、事務官に「たくましい捜査官」になってもらいたいという願いを込めたメッセージとしてです。

2　ご遺体

もともと、私自身、死体や血を見ることは、それほど抵抗がある方ではありませんが、それでも、中には顔を背けそうになるような場面は何度かありました。

そんな経験の中で、一つ考えたことがあります。

いつか、何かの機会で、言おう、言おうと思っていたことです。高速道路のパーキングエリアなどに、よく交通事故で自動車が大破した写真が何枚も貼られているボードを目にすることがあります。あの写真なんですが、誠に不謹慎とのご批判をいただくことを承知で申し上げますと、写真の被写体を大破した自動車だけでなく、亡くなられた方のお姿を入れてはどうかと思ってます。私の経験によれば、拳銃や刃物を使った殺人事件よりも、よっぽどお気の毒なお姿で亡くなられている方が大勢いらっしゃいます。

こうしたお姿を拝見すると、いかに人間は貧弱で命とはこんなにもはかないものか……簡単に考えている車の運転が一つ間違えば、この世の地獄絵となってしまう悪夢をまさに現実に目にすることができます。これは一般の方々にとって、とてもショッキングなことだと思います。しかし、それに目を背けて実際の凄惨さを知らないまま、自らを又は他人を傷つけて不幸にするくらいなら、ものすごく不愉快な思いをしても、普段の運転行為の拙さ、愚かさをしっかり自覚してもらって、悲惨な事故がなお一層減るのであれば、とても良いことではないかとつくづく思うわけです。

そこで考えたのが、献体ならぬ献影という制度です。

献体は、ご承知のとおり、医学の発展や若き医師の卵を将来の優秀な医師に育てるために、ご遺体を大学の解剖学教室などに提供される誠に尊い行為です。このような献体という制度があれば、交通事故でお亡くなりになられた方のありのままのご遺影をご提供いただき、私が申し述べました交通違反の抑止効果という趣旨で使わせていただく献影という制度があってもよいのではないかと考えたのです。もちろん、ご遺影がどなたであるか特定できないように加工するのは当然ですが……。

私は、以前、献眼について、こんな不安を抱いている方の話を聞いたことがあります。死んだ後に「眼」を失っては、あの世に行ってから何も見えなくなってしまうのではないかと……。

私は、このお考えが良いとか悪いとか批判をするつもりはありません。また特定の宗教等の信仰もありません。ただ、亡くなった後に献眼された方が、あの世に行って光を失うとはとても考えられないのです。神様か仏様か、分かりませんが、きっと、生きていたとき以上に光り輝く素晴らしい瞳を授けていただけるに違いないと信じてやみません。

ご遺影も同じではないかと勝手に考えた次第です。でも、やはり、この献影という制度、提案している私自身、相当に難しいとは思っています。今後の皆様からのご批判をお待ちしております。

だいぶ話が脱線しましたが、いずれにしましても、検察官や警察官は、日々、目を背けることなく、しっかりと事件と向き合い、ご遺体に手を合わせ、常に身体を張って自分の職責を全うしようと心がけていることをどうかご理解ください。

3　首つり死体は、自殺か他殺か？

さて、やっと本題に入ってきました。

あるマンションの一室で、首つり死体発見の通報！

110番通報を受けた警察官らが直ちに現場に直行しました。

ウゥゥ～、ウゥゥ～、けたたましいサイレンとともに赤色灯を回転させたパトカーが何台も、現場マンション前に集結。現場は、マンション4階403号室のX方、死体は、主婦A子、36歳、かもいからロープを垂らして縊死《いし》（首つりで死亡したことです。）したものと見られる、発見者は、A子の夫、X。

そして、すぐに現場の部屋の前には、キープアウトの黄色い規制線が張られ、発見者である夫の案内で刑事たちは部屋の中に入りました。A子は上半身半袖シャツ、下半身はデニムの短めのショートパンツの姿で首をつって絶命していました。A子の死体の状態は既に息絶えていたので血の気がない状態でしたが、元々色白なせいもあるのか、前から見て、顔も、両手、両足も、肌が露出している部分は、どこも真っ白といってもおかしくないほどでした。

発見者の夫によると、自分は昨晩、夜勤で、午後8時ころ家を出たが、そのころ、A子は元気で特に変わったところはなかった、ところが翌朝午前8時ころに帰宅すると、A子が首をつっていた、それで、慌てて警察と救急車を呼んだ、というものでした。隣の人の話でも、確かに、Xは事件前日の午後8時ころ家を出たということが確認できました。

さて、ここまでの情報では、どうやらA子は首つり自殺をしたように思われます。

しかし……殺しの現場を数えきれないほど見てきた熟練の警部が、A子の死体を見て、すぐに異変に気づき、一言……、「こりゃ殺《や》られたな……」と漏らしました。

実は、この事件、やはり、警部の推理のとおり、他殺事件であり、犯人は夫のXでした。では、なぜ、警部は他殺を見抜けたのか……?

4　血液就下《けつえきしゅうか》

人間は死ぬと心臓が止まります。血液は心臓が鼓動することで全身に行き渡るわけですが、心臓が止まると血流も止まります。そして、血液にも重量があるので、重力にしたがって下に向かって沈んでいきます。このように、血液が重力に従って下に沈んでいく現象を血液就下《けつえきしゅうか》といいます。これが死亡後に死体の下部表面に浮き上がったように赤紫色の死斑になります。

この死斑は、死亡後、数十分から1、2時間で始まり、8〜12時間をかけて完成します。こうして長い時間をかけて完成された死斑は、その後、死体の体位を変えても、その位置が変化することはありません。

A子の死体の状況は、両手、両足とも真っ白なくらいでした。通常、首つりで死亡しますと、死斑は両手や両足の先の方に出てきます。ところが、A子の死斑は、両手や両足に出ることはなく、背中や臀部、それに太もも裏側、ふくらはぎに集中していたのです。ということは、A子は死亡した時点においては、相当長時間にわたり仰向けで放置されていたことがうかがわれるわけです。こうした死斑が完成した後に、自分で首つりの状態になることは絶対にありえません。

これで、警部は、一発でA子は他殺死体であると見抜いたのです。

その後の調べで、Xが事件発覚の前日の午後8時に出かける前に、A子の首を絞めて殺し、そのまま仰向けに寝かせていたことが判明しました。結局、Xは、翌日の午前8時に帰宅した際、どうやってA子を殺したことを隠して言い逃れをするか考えた挙げ句、A子が首つり自殺をしたことにして、Xが発見者を装うという浅知恵を敢行したのでした。

5　天網恢々疎《てんもうかいかいそ》にして漏《も》らさず

古代中国の思想家である老子の言葉に、「天網恢々疎《てんもうかいかいそ》にして漏《も》らさず」というものがあります。この意味は、天が悪人を捕まえるために張り巡らせた網の目は粗いが、悪事を犯した者は1人も漏らさず取り逃さない、天道は厳正であり、悪事を働けば必ず報いがあるというものです（他にも諸説あります。）。

この事件、Xの稼ぎが少ないことやマンションのローンの支払いのことでXとA子が言い争いになり、結局、XがA子を押し倒して両手で首を絞めて殺害したという殺人事件だったわけです。

妻殺しの大罪を犯したうえ、その責任を逃れようとした結果、自らを罪過に溺れさせることになってしまった哀れなXには、それから先、長い償いの日々が待っているのでした。

3　民事裁判の証人、出頭しないと裁判所に捕まる？

1　交通事故の目撃者Wさんの悲劇

平成27年に道路交通法が改正され、自転車が厳しく取り締まられるようになりました。それというのも、自転車というのは、気楽に乗れる乗り物ということもあり、危険だという意識が薄いうえ、ルールをきちんと守らない人が少なくなく、ひとたび事故が発生すると意外と重大事故になることが多くなってきたからです。

ある自転車同士の交通事故で次のような事故が発生しました。

Aさんが自転車に乗って坂を勢いよく下っていったところ、その先の交差点手前の交通標識が一時停止になっていたにもかかわらず、停止せずにその交差点を突っ切っていこうとしました。そのとき、まさにその交差点の交差道路を右から左に自転車で走ってきたBさんと出合い頭で衝突してしまいました。

その衝撃で、AさんとBさんはお互いに跳ね飛ばされ、Aさんは手足に軽い擦り傷を負っただけでしたが、Bさんは頭を打って頭蓋骨々折の重傷でした。Bさんは救急車で運ばれ3日間生死をさまよいました。その後、なんとか奇跡的に一命をとりとめ、順調に回復し1か月ほどで無事退院できました。

しかし、Bさんは、頭の怪我のせいで、事故のときの記憶をすっかりなくしてしまったのです。Aさんは、一時停止線の前で停止せずに交差点を通過したことにより、Bさんの自転車にAさんの自転車を衝突させてBさんに怪我をさせたという事実でBさんから不法行為による損害賠償を求める裁判を起こされました。

Aさんは、交差点を通過するとき、一時停止はちゃんとしたし、左右も確認したのに、Bさんが凄い勢いで物陰から交差点に突っ込んできたなどと言い、自分の落ち度を認めようとしません。

この裁判で決め手となるのは、事故の状況を目撃していたWさんでした。Wさんは事故があった当時、その交差点の近くで散歩をしていた近所の人でした。Wさんは、Aさんが坂を凄い勢いで下ってきて一時停止をしないまま交差点に入っていったのでBさんの自転車とぶつかったと話をしていました。それでBさんの代理人弁護士は、Wさんを証人として裁判所に請求し、裁判所もその請求を認めて、証人尋問期日を決めたうえ、Wさんに呼出状を送りました。

しかし、Wさんは、裁判所に何も連絡せずに証人期日に出頭しませんでした。それで、裁判所は、もう一度、新しい期日を決めてWさんを呼び出したのですが、またしてもWさんは来ませんでした。Wさんは、最初のうちは裁判所に行ってちゃんと証言しようと思っていたのですが、段々面倒くさくなってきたのです。ついには、裁判所の呼出しなんて無視していれば、そのうち、あきらめるだろうと思うようになり、結局、裁判所からの呼出しを無視し続けました。

2 Wさん、捕まる!

そして数週間が経過し、Wさんは裁判所から呼出状がきていたことは、すっかり忘れていました。そんなある日の朝、仕事に行くために仕度をしていると、玄関のチャイムがピンポ〜ンと鳴ったのです。

Wさんは、こんな朝早くに誰だろうと思いながら、ドアを開けると、スーツ姿の男の人が数人立っていました。そのうちの眼鏡をかけた細身の男の人が、「こちらは裁判所です。Wさんですね。Aさんの事件の証人として証言してもらうために、裁判所から勾引《こういん》状《じょう》が出ています。これから一緒に裁判所に来てください」と言うや、なにやら文字が書かれている紙をWさんの目の前に示し、さらに、もう1人の筋肉隆々タイプの男の人が、銀色に光る金属製のものを取り出して、ガチャッ……。

Wさんの両手に掛けられたのは、なっ……なんと、テレビの刑事ドラマでしか見たことのない本物の手錠でした！

これにはWさんもビックリ！！！へーっ……手錠って意外と冷たくて重いんだな～～なんて感心している場合じゃありません。Wさんは、思わず、「えっ！逮捕ですか！」と顔面蒼白。すると、紙切れを示した眼鏡の男の人がWさんに、「いいえ、逮捕ではありません。Wさんに裁判所で証言していただくために、裁判所に来てもらう勾引という手続です」Wさんは、勾引と聞いてもさっぱり分からず大混乱、「あー、逮捕だか勾引だか、よく分からないけど、捕まっちゃった。どーしよう」と心の中で泣き叫ぶばかりです。

そして、そのままWさんは、黒塗りの怪しい車の後部座席に乗せられ、裁判所へ……。

3　Wさんの運命やいかに……

裁判所に着くとWさんの手錠が外され、「こちらへどうぞ」と案内されるまま誰もいない静かな廊下を歩いていきます。Wさんは、自分が裁判所の呼出しを無視していたので、裁判所がWさんを処罰するために捕まえたのに違いないと思い、呼出しを無視し続けたことをとても後悔しました。そして、うつむきながらトボトボといわれるままに廊下を歩いていったのです。ただ少し拍子抜けしたのは、案内してくれている裁判所の職員らしき人たちが、Wさんに対して、「少しお待ちください」「気分は悪くないですか」「こちらへお越しください」などととても言葉づかいが丁寧で優しいのです。Wさんとしては、自分は裁判所の呼出しを無視して捕まった罰を受ける身なのだから、ものすごく怒られたり、お説教されたりするのではないかと考えていたわけです。そんなしっくりしない気持ちを抱えながらも静かな廊下を歩いていくと、エレベータで上の階にあがることとなり、あがった先のドアを開けると、そこは法廷でした。

Wさんは、宣誓書と書いてある書面などに名前を書いたりした後、証言台の前に座り、証人尋問を受けることになりました。Wさんとしては、これ以上、裁判所やその他の人に迷惑はかけられない、自分の見たままを正直に証言しようと思い、Aさんが一時停止をせず坂を勢いよく下りてきてBさんの自転車とぶつかったのを見たことなどを全て記憶のとおりに証言しました。

そして全ての尋問が終わると、最後に、裁判官から、「はい、それでは、証人尋問を終わります。Wさん、お疲れ様でした」とねぎらいの言葉さえありました。Wさんは、とりあえず、証人尋問が終わって良かったと思いながらも、法廷に連れてきてもらった職員のところに行き、両手を前に差し出しました。すると、その職員は、少しにこやかな顔をしながら、「Wさん、もう証人尋問終わりましたから、家に帰ってもらっていいですよ」と言うのです。Wさんは、またしてもビックリ！証人尋問が終わったら、今度は、自分が呼出しに応じなかった罰を受ける番だと思い、また手錠を掛けられて牢獄に入れられるのだと思っていたのです。「やったーこれで帰れるのか！ちゃんと証言してホントに良かった！」Wさんは、これからは、自分がかかわったことには、何事であれ、きちんと責任を果たさないといけないなと、つくづく反省したのでした。

4　勾引とは……

Wさんが受けた勾引というのは、簡単にいうと、裁判所に来たがらない人を強制的に裁判所に連れてくる手続です。刑事事件では、逮捕されずに裁判を受けている被告人がなかなか裁判所に出頭しない場合等にも使われますが、民事裁判では、事例であったように目撃証人等重要な証人が正当な理由なく出頭しない場合に、勾引することがあります。勾引は強制的に裁判所に連れて行く手続ですから、勾引状という逮捕状と同じような性質をもつ令状が裁判所から発付され、証人の自宅等に裁判所職員や連行を補助する警察職員等が出向き、場合によっては、証人に手錠を掛けるなどして連れてくることもあります。こうなってくると、見た目は犯罪者が逮捕されたのと変わりません。しかし、裁判所による勾引は、証人の刑事責任を追及する捜査のための逮捕とは違い、裁判所に来てもらって、きちんと証言してもらうための手続であり、逮捕とは全然意味合いが異なりますし、逮捕のように引き続いて勾留されるということもなく、証人を勾引した目的である証人尋問さえ終われば、解放されて自宅に帰れるわけです。

なお、民事裁判の被告は、裁判所の呼出しを無視して出頭しなくても、証人のように勾引されたりすることはありません。ただ、何もしないで放っておくと、原告の言い分が全て認められて裁判で負けるだけです。

4　情状証拠「母の思い……」

1　ある母の思い……

ある暴力団構成員Aの事件です。Aは暴力団構成員とはいっても、名ばかりで、あまりのだらしなさから、自分が所属している暴力団からでさえも半分見捨てられているほどの落ちぶれ振りでした。アパートの家賃が払えず、住む場所も追われ、事件を起こした日も、ふらふらとあてもなく東京の郊外にある夜の通りをさまよっていました。そうしたところ、午後11時を回ったころに、いかにもOLと思われる若い女性が駅の方からAの方へ向かって歩いてくるのが分かりました。Aは、「あの女を脅して金を奪ってやろう」と考え、女性に近づくなり、いきなり持っていたナイフを示して、「おとなしくしねぇと刺すぞ。金出せ」と低い声でその女性を脅しました。そんな深夜に人通りのない暗い場所で、1人で自宅に向かっていた女性はたまりません。その女性は、一瞬、何が起きたか分からずにいましたが、すぐに今面前に起きた事態が現実のものであると知り、恐怖のあまり身体が強ばり身動きができなくなりました。これを見て、その女性が抵抗しているものと勘違いしたAは、「てめぇ、何してんだよ。バッグごとよこせ」と怒鳴り、そのまま肩紐を引きちぎって、その女性のバッグを奪ったのです。その直後、その場を通りかかった男性の110番通報で、警察官らが現場に急行。付近を徘徊していたAを発見し緊急逮捕したため、事件はスピード解決となったのでした。

その後、Aは強盗罪で起訴され、被告人として勾留されました。その勾留されている間、実家のある九州から81歳のお母さんが面会にきました。実は、被告人は長い間、お母さんに連絡をしておらず、お母さんも被告人がどこで何をしているのやら分からなかったのです。しかし、今回、捕まって、勾留される際に、自分が勾留されたことをお母さんに連絡してもらったのでした。

お母さんは、身長140センチちょっとの背中を丸めた小柄な身体に細い腕、畑仕事で日焼けした顔に無数のシワが刻まれているかわいいおばあちゃんですが、とても元気な姿で、留置場に現われました。

そのとき、お母さんは被告人に対し、「お前のような人様に迷惑ばかりかけてきたもんは息子とは思わん！もう二度と顔を見せるな！」と怒ったそうです。

そして、時は流れ、被告人の裁判は最終回の被告人質問へと場面が変わります。

弁護人「あなたが、勾留されている間、お母さんは面会に来てくれましたか？」
被告人「はい、一度来てくれました」
弁護人「そのとき、お母さんは何か言ってましたか」
被告人「『もう二度と顔を見せるな！』と怒っていました。」
弁護人「そう言われても仕方ありませんね」
被告人「はい、そのとおりです」
弁護人「その後、お母さんはどうなりましたか」
被告人「3日前に亡くなりました」
弁護人「あなたは、亡くなる前のお母さんに会えたのですか」
被告人「いいえ、会えませんでした」
弁護人「あなたね、お母さんに心配かけたまま、死に目にも駆けつけられず、どれだけの親不孝をしているか、分かってますか」
被告人「はい、申し訳ありません……」
弁護人「私に謝ったってしょうがないでしょう！」
「裁判長。ここに、被告人の母親が裁判所に宛てた手紙がありますので、証拠として提出したいのですが」
裁判長「検察官、ご意見は？」
検察官「同意します」
裁判長「それでは採用します。弁護人、手紙の内容を読み上げてください」
弁護人「はい、『裁判長様、この度は、私の息子が大変なご迷惑をおかけし、心からお詫び申し上げます。息子は、これまで世間様にご迷惑ばかりかけてきましたが、年もとり今度ばかりは本当に反省しているようです。私も年をとりましたがまだまだ大丈夫です。私が責任をもって必ず監督しますから、どうか、どうか少しでも寛大な御処分をお願いします。』以上が母親の手紙全文です」
裁判長「弁護人、その手紙はいつ書かれたものですか」
弁護人「お母さんがお亡くなりになる2日前です」
裁判長「お母さんはどうしてお亡くなりになったのですか」
弁護人「全くお元気だったのですが、急にくも膜下出血で亡くなったそうです」
裁判長「そうですか。被告人は、お母さんが亡くなられたことは知っていたのですか」
被告人「きっ……きのう、弁護士さんから聞きました」

裁判長「お母さんの手紙……、面会のとき、あなたに辛く当たったのとは、随分違うようですね。やっとお母さんの気持ちが分かりましたか」
被告人「……」
裁判長「黙って泣いてるだけでは、分かりませんよ」
被告人「……」
裁判長「人が一生に流す涙の量を知っていますか」
被告人「……」
裁判長「ほとんどみんな同じなんです。どうせ流すなら、この法廷で後悔しながら流すのではなく、一生懸命生きて流しなさい」
お母さんの手紙は、今後の生活を自分が監督して被告人を更生させるということに関していえば、それを約束していたお母さんが亡くなったので証拠の意味はなくなりました。しかし、被告人を目の前にしては厳しくいましめる一方、その陰で、被告人の刑の減軽を嘆願する母親の真意は疑う余地はありません。
親は子を生んで、育てて、その後もいつまでも見守り、自分が亡くなる最期まで子のために何かをすると聞いたことがあります。

きっと、被告人のお母さんは、自分が力尽きることを知っていたのでしょう。嘆願、そしてその後の最期、全てを含め、これが、母として最後にできた息子への精一杯の思いだったのに違いありません。

2　有罪か無罪かを決めてから量刑の判断、そして判決言渡し

ある事件で被告人が起訴され、刑事裁判の審理が始まりますと、いろいろな証拠が取り調べられます。例えば、今、紹介した強盗の事件でしたら、被害者から出されている被害届、現場の状況を分かりやすく記載した実況見分調書、被害者の供述調書、被告人の自白調書など……こういう証拠を全部取り調べて、有罪か無罪かを判断します。そして無罪となったら、それ以上、何も判断することはありませんが、有罪となると、次に、量刑《りょうけい》、つまり、刑の重さをどうするか判断することになります。

被告人を、懲役何年にすればいいのか、執行猶予を付けたほうがいいのか、それとも実刑にして刑務所に入れた方がいいのか、裁判官としてはとても悩むところです。

量刑の事情として考えられるのが
犯罪そのものに関する事情として
・どうして今回の事件を起こしたのか、その目的
・とっさの思いつきなのか、前々から計画していたのか
・手段が悪質なものか
・被害の結果は重大か
などがあげられますし、
それ以外の事情として
・被告人の反省の態度
・被告人の家族による今後の監督
・被害弁償はあるか
・同じような前科はあるか
などがあげられます。この中で、被告人の家族による今後の監督について、よく証拠として申請されるのが、家族が監督を約束した手紙とか、家族の証人尋問です。

しかし、紹介した事例でも触れましたが、こうした手紙や証言も、それを述べた家族が

亡くなってしまっては、もはや、家族による監督が期待できるかどうかという観点からすれば、証拠としての価値はありません。

そうすると、このお母さんの命がけの思いは、結局、量刑事情としては全く無意味との結論にならざるを得ないでしょうか。

いえいえ、そんなことはありません。

お母さんの手紙は、家族による今後の監督という証拠ではなく、被告人の流した涙、これが本物かどうかを見極めるための証拠として立派に役に立つのです。

お母さん、確かにお手紙承りました。今度こそ息子さん、立ち直ってくれると思いますよ……。

5　訴えを起こす人は誰か

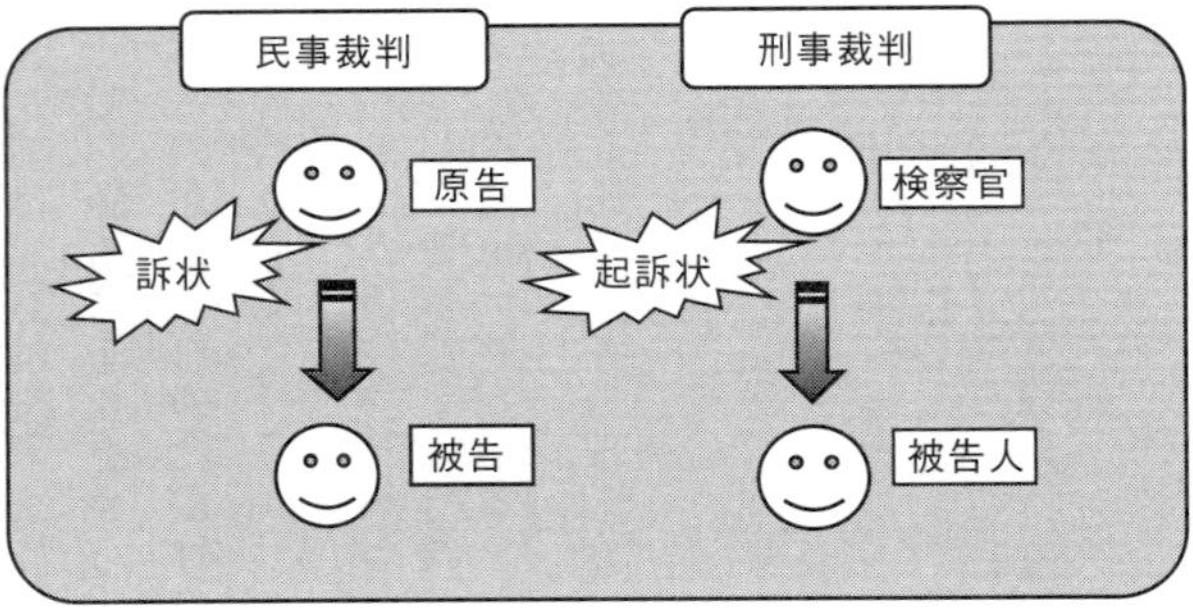

1　訴えを起こす人は誰か

よく法律系のバラエティー番組で、「訴えてやる〜！」なんて言いますが、この「訴え」というのは、一般的には、裁判所に対して裁判をやってくれと申し出ることです。

ところで、民事裁判と刑事裁判では、訴えを起こす人が違うというのはご存知でしょうか？

民事裁判で訴えを起こす人は誰でしょうか？という質問に、弁護士と答える方もいらっしゃるかもしれません。弁護士が本人の代理人として訴えを提起するという意味では、それもあながち間違いではありません。しかし、基本的には、一般の方々がそれぞれ裁判で訴える権利を持っているということになります。

一般の方々で裁判所に民事裁判を起こした人を「原告」と呼び、訴えられた人を「被告」と呼びます。

刑事裁判ではどうでしょうか。実は、刑事裁判は、事件の目撃者はもちろんのこと、事件の被害者であっても裁判所に訴え出ることはできません。それでは訴えを起こす人は誰か……ということになりますが、それは原則として検察官です（公務員犯罪等特定の事件については、一定の手続を経て検察官役の弁護士が裁判所に起訴するという例外はあります。）。そして訴えられた人は「被告人」と呼ばれます。

ここで、少し、民事裁判と刑事裁判で、言葉の使い方に微妙な違いがあったことにお気づきになった方もいらっしゃるのではないでしょうか？

とても細かい話になりますが、民事で訴えられた人は「被告」であり「被告人」ではないのです。時々、借りたお金を返せないで訴えられた人や、他人の保証人になって債務者が借金を返済せずに行方不明になったために保証人として訴えられたなどという人の中に、「確かに、オレは、まだ借りた金返してないけど、『被告』ってことはねえだろうが！オレは犯罪者扱いか！」などと裁判所に怒鳴り込んでくる人がいます。

お気持ちは分かります。ですが、「被告」というのは、民事裁判で訴えられた人ということで、裁判での当事者の立場として、そのように呼ばれているだけであり、何か犯罪を犯した疑いをかけられている人という意味ではないんですね。犯罪を犯した疑いのある人は「被告人」といって「被告」のあとに「人」が付くのです。こういう誤解が生じるのは、そもそも言葉が似ているからですが、ニュースなどで、民事裁判と刑事裁判をきちんと区別することなく、「被告は、起訴事実を全て認めました」などと伝えてしまうためだと思われます。もっとも、この「被告人」も、刑事裁判で、犯罪を犯したことが疑われて訴えられている者というくらいの意味で、犯罪を犯したことが明らかな者ということではありません。無罪推定という言葉を聞いたことがある方も多いと思いますが、刑事裁判というのは有罪判決が確定するまでは、被告人は「被告人」であって「犯人」ではないのです。

ちなみに、訴えられる被告人の前の立場を、マスコミやテレビドラマなどでは「容疑者」といういい方をしますが、法律上は、「被疑者」といいます。

さて、訴えるのが誰かというテーマから、訴えられた人についてとテーマがずれてしまいました。話題を元に戻しますが、民事裁判では、原則として、一般の人が訴えることができるのに、刑事裁判では、被害者さえ訴えることができず、原則として検察官しか訴えることができないというのは、一体どういうことなのでしょうか？

これは簡単にいうと、民事裁判は、私事《わたくしごと》、つまり、個人間のトラブルを解決する手続であるのに対し、刑事裁判は、発生した犯罪の真実の姿を解明して、犯人に責任を取らせる手続であるというところにあります。

民事裁判は、個人間の私的紛争を裁判の対象にするのですから、その当事者は個人ですが、刑事裁判のように、単なる個人の問題を超えて、社会全体として対処していかなければならないという問題は、個人の恨みつらみで訴えるかどうかを決めるわけにはいかないのです。そこで、検察官が刑事事件について、国民を代表して被疑者を訴えるかどうか決めることになっているわけです。もちろん、被害者の立場や気持ちは全く関係ないわけではなく、検察官は被害者を代弁する役割も担っていますし、一旦、刑事事件として裁判が始まれば、一定の事件については、被害者が裁判の手続に参加することもできます。

なお、弁護士も民事裁判と刑事裁判では、呼び方が違うんです。民事裁判では原告に付く弁護士を「原告代理人」と、被告に付く弁護士を「被告代理人」とそれぞれ呼びます。

刑事裁判では、検察官は法律のプロですから、訴える側の弁護士は原則としていません（一定の重大事件では被害者が刑事裁判に参加できますので、その被害者参加弁護士が付く例外はあります。）が、被告人には、一定の比較的軽い犯罪を除いて、原則として弁護士が付かなければ裁判をすることができません。刑事裁判の被告人に付く弁護士は、民事裁判のように「代理人」とはいわずに「弁護人」といいます。

2　民事裁判では「訴状」、刑事裁判では「起訴状」

訴えるときに裁判所に提出する書面の呼び方も民事裁判と刑事裁判で違います。民事裁判では「訴状」、刑事裁判では「起訴状」といいます。こういう呼び方って、どうして決まってるの?と疑問に感じる方もいらっしゃると思います。

ちょっと難しいかもしれませんが、少し民事裁判と刑事裁判のそれぞれのルールを決めている法律をのぞいてみましょう。

民事裁判のルールを決めているのは民事訴訟法という法律、刑事裁判のルールを決めているのは刑事訴訟法という法律です。そして、それぞれの法律を見てみると、民事訴訟法の133条という条文には「訴えの提起は、『訴状』を裁判所に提出してしなければならない」と書いてある一方で、刑事訴訟法の256条という条文には「公訴の提起は、『起訴状』を提出してこれを行わなければならない」と書いてあります。それぞれの裁判で、訴えの書面の呼び方が違うことが分かりますね。理由は、それぞれの法律に書いてあるからであり、これに尽きるといっても言い過ぎではありません。このように法律というのは、その内容だけでなく、条文に書いてある言葉を、その言葉どおりに使うことによって、正確に解釈したり適用したりしていくものであり、そうしたところに法律の厳格さの一面が現れているということもできます。

3　民事裁判の訴状には重要な証拠のコピーを付けるべきなのに、刑事裁判の起訴状では、そんなものを付けたら違法？

裁判を始める前に、どんな証拠があるのか、あらかじめ裁判官が分かっていた方が、その後の裁判を進めやすいですよね。これは裁判に限ったことではありません。いろいろな仕事をするにも関係者に必要な書類について事前に目を通しておいてもらった方が話が早く、会議や打合せもスムーズにできるというものです。

そういうことから、民事裁判の訴状には、重要な証拠となる契約書のようなものはコピーを訴状に付けることとされています。そして、裁判官は、事前にそれらの証拠のコピーを見て、「あ〜なるほど、今回の民事裁判では、こんな証拠があるのだな」と思うわけです。

他方で、裁判官は、答弁書《とうべんしょ》（原告の訴えに対する被告の返事が書かれた書面です。）に書いてある被告からの言い分を見て、「なるほど、ここが今回の裁判の問題点か、それなら、こんなふうに裁判を進めてみるか」などと考えて、当事者に意見を聞いて裁判を進めていきます。

ところが、刑事裁判の起訴状では、証拠等を付けて出したら大変なことになります。これは、実は、絶対にやってはいけないことなのです。それはなぜでしょうか？

刑事裁判では、裁判が始まる前に、裁判官に被告人が犯人に間違いないという先入観を植え付けるようなことは絶対にしてはいけないことになっているのです。つまり、裁判官は、どんなに新聞やテレビで報道されていようが、被告人が白なのか黒なのか分からない真っさらな心の状態で裁判に臨まないといけないということです。考えてみれば、それは当然と言えば当然です。裁判官が、裁判が始まる前から、被告人が真犯人に違いないと思っていれば、裁判はただの形だけのものになってしまいますよね。ですから、刑事裁判では起訴状に証拠はもちろん、そのコピーを付けることも違法とされています。

このように民事と刑事では裁判をする前の事前の手続においても非常に大きな違いがあります。

4　裁判が始まると……

刑事では、裁判官が「**検察官、起訴状の朗読をお願いします**」

民事では、裁判官が「**原告は、訴状陳述でよろしいですね**」

どちらも、これから始まる裁判の訴えの内容を、訴えた側が正式に法廷で述べる手続です。しかし、そのやり方は全く違います。

刑事裁判では、裁判官が、検察官に対し起訴状の朗読を促すと、検察官が起訴状に書かれた公訴事実《こうそじじつ》（起訴された犯罪の内容が記載されています。）を実際に読み上げます。法廷ドラマのシーンでも、よく検察官が立ち上がって、「公訴事実！被告人は……したものである！」な〜んて読み上げますね。あれです。

まれに、検察官が、慌てて読んで、公訴事実を読み漏らすことがあります。

こちらは、起訴状朗読でなく「起訴状**漏**読」（私が起訴状朗読をもじった造語で実際にこういう言葉はありません。）……たま〜にあるので、裁判官としては気を付けているところです。

これに対して、被告人が、「そのとおり間違いありません」とか、「身に覚えがありません。私は無罪です」などと返事をするわけです。

ところが、民事裁判は、「訴状陳述」といっても、通常は、実際に、原告が訴状を読み上げることはありません。一般的には、裁判官が、「原告は、訴状陳述でよろしいですね」あるいは、「原告！訴状陳述」などと言うと、原告は、訴状の記載内容を読むことなく、「はい、訴状陳述いたします」などと答えて終わってしまいます。そして、被告のこれに対する答えも、裁判官が、「被告は、答弁書のとおり答弁するということでよろしいですか」などと尋ねると被告が、「答弁書のとおり陳述します」で終わってしまうのです。そして、多少のやりとりがあった後、原告が、「次回、答弁書に対する反論の準備をします」などと言うと、それで、その日の民事裁判の期日が終わってしまうこともありま す。民事裁判の場合、このように、わずか数分で終わる法廷も少なくありません。

民事裁判も刑事裁判も口頭主義《こうとうしゅぎ》といって、原則として、実際に法廷で述べられたことだけが主張となったり、証拠となったりするという考え方を採っていますが、その点について、全体として、民事裁判の方が刑事裁判よりもやや緩やかに考えられているようです。

このようなこともあり、民事裁判は、訴状等の内容そのものが法廷において口頭で読み上げられることがほとんどないので、一般の方々がいきなり傍聴しても分かりにくいイメージを持たれることが少なくないと思います。

この点、刑事裁判は、裁判員裁判に限らず全ての事件で、起訴状の内容が読み上げられますし、その後の手続としても、検察官がどのようなことを法廷で証明しようとしているのかということを紹介する手続として冒頭陳述《ぼうとうちんじゅつ》等も口頭でしますので、どんなことをしているのか、傍聴していても、民事裁判と比較すると分かりやすいわけです。

結局、傍聴していて分かりやすいかどうかは、民事事件だから、刑事事件だから、あるいは事件が難しいかそうでないかというよりは、裁判の進め方という面からみたそれぞれの特徴の違いによるところが大きいと思われます。

6　1年生検事の冒頭珍述と修習生の法廷珍事

1　ある1年生検事の法廷デビュー……冒頭陳述ならぬ冒頭珍述

あるオーストラリア人が、私にこんな質問をしてきたことがあります。

Most Japanese love No.eight…How come?（多くの日本人が数字の8が大好き、なんで?）なんで、日本人は、会話の途中で、「8」、「8」、……「8」と言うのか?

と尋ねられました。

日本人は、言葉に詰まったり、緊張したりすると、どうしても口から出てしまいます……謎の数字、「8」が……。

某地検の公判部（検察庁で裁判を担当する部署のこと、このほかに捜査を担当する部署に刑事部や特捜部等があります。）にやってきた1年生検事、彼も初の裁判デビューの極度の緊張の中で、数字の「8」を繰り返すのでした。

とても初々しい彼は、I君、礼儀正しく真面目で、どこか童顔で木訥《ぼくとつ》な感じの好青年。ただ、ちょっと真面目が過ぎて若干バイアスがかかるとパニックになってしまうところが玉にキズといったところでしょうか。
そのI君の生まれて初めての裁判デビューでの冒頭陳述のときのことです。
真面目なI君は、自分の担当する裁判の前日、夜遅くまで裁判の記録を読み込み、必要な書類を何度もチェックしていました。
そして、いよいよ裁判当日、やや緊張した面持ちで、裁判記録を風呂敷に包み込むとそれを抱えて、いざ、裁判所へ。
法廷に入って、しばらくすると、裁判官が入廷し、書記官の、「ご起立ください」との掛け声。在廷していた当事者らが一斉に起立して法壇に向かって一礼。
裁判長「それでは開廷します。被告人、名前はなんといいますか」
被告人「○○○○です」
裁判長「今、住んでいるところはどこですか」
被告人「○○市……」
裁判長「職業は」
被告人「ネジを作る仕事をしてます」
その後、黙秘権告知、起訴状朗読と終わり、いよいよ検察官の冒頭陳述です。

裁判長「それでは、検察官の冒頭陳述をお願いします」
検察官「はっ……はい、けっ……検察官が証拠により……しょっ……証明しようとする事実は次のとおりです。被告人は、昭和○○年○月○日東京都で出生し、昭和○○年○月○○高校卒業、その後、飲食店従業員、土木作業員等を経て、現在の職業は……」「現在は……？」

「現在は、ネジエ（全部カタカナ）……え～っと、ネジ……エ？」

実は、I君、被告人の職業について「ネジ職人」と認識して、冒頭陳述書の被告人の現在の職業を「ネジ工（ねじこう）」と書いていたのです。

ところが、緊張のあまり、「ネジ工（ねじこう）」の漢字の「工（こう）」の字が何度見ても、カタカナの「エ」にしか見えなくなり、もうパニックです。

I君は、「ネジエ」で止まってしまい、額に汗を浮かべながら、何度も何度も、「え～っと、ネジエ……？え～っと、ネジ……エ？」と段々と声のトーンが小さくなりながらも「ネジエ」を繰り返します。

一向に審理が進まない状態に堪忍袋の緒が切れた裁判長が、額の血管を浮き上がらせながら、I君に向かって、

「ネジコウ（怒）！」

と一喝。まるで座禅を組んでいる未熟な修行僧が、高僧から左肩を一発、バシッ……！と警策《きょうさく》（注）の一撃を受けたようなものです。

　かくして、I君は、裁判長の一撃で邪心を払っていただき、頭もシャキッ！冒頭珍述を経て、立派に法廷デビューを果たしたのでした。

　ここでいう「冒頭珍述」とは、「冒頭陳述」を、私がもじった造語です。本来の冒頭陳述は、刑事裁判で、証拠調べが始まる前に、検察官が、どういう事実を証拠によって証明するのかを説明するものです。この説明の中には、被告人の生い立ちや学歴・職歴等を紹介する部分もあります。

　これによって、検察官が主張している事件の概要がよく分かるようになるとともに立証方針等も明らかになるわけです。また、反対に、被告人や弁護人にとっても、防御すべき対象となるものが明らかになります。

　ところで、この話の最初に出てきた謎の数字「8」は、どういうことか分かりましたか？

　1年生検事のI君もそうでしたが、多くの日本人が言葉が詰まると出てくる口癖、「え〜っと」が、英語を母国語とする人たちからは「エイト」、「エイト」……「8」、「8」と聞こえるわけですね。会話の途中の謎の「8」……もしかすると、外国人にとっては、日本人が言葉を思い出すための「ちちんぷいぷい」……おまじないの数字だとでも思われているかもしれません。

（注）警策《きょうさく》とは、警覚策励《きょうかくさくれい》を略したもので、修行者の背中を叩く棒のことです。ちなみに、似たようなもので、聖徳太子が持っている長い板様の物は、笏《しゃく》といい、全く別ものです。

2 ある大物修習生の法廷珍事と裁判官の訴訟指揮

司法試験に合格した人たちは、最高裁から司法修習生に任命され、司法研修所で、これから裁判官、検察官、弁護士になるために必要な勉強をします。しかし勉強をする場所は、司法研修所だけではありません。実際に実務家になって働く場所に行って修習をするということもあります。裁判所でも修習をします。裁判所での修習には、合議体の評議の傍聴、判決の起案練習、裁判の傍聴など様々なものがありますが、裁判の傍聴の中には、裁判官と同じように法壇に上がって、裁判官の目線から法廷での審理を見ることが許されています。修習生は、法壇に上がっても、裁判官のように質問したり、釈明を求めたりということはできませんし、合議体の裁判所のように、正式に合議に加わって裁判所の判断に影響を与えるということも当然できません。ただ、法壇に上がることで裁判官の立場から見た法廷への目配りや、法壇に上がっている記録や証拠を直接見せてもらいながら、実際の審理において、どのようにそれらのものを活用しているのかなど、裁判官の息づかいまで身近に感じとることができ、とても勉強になります。

そんな大切な勉強をする場所で、事もあろうに、重要な証人尋問の最中、裁判官の横に座りながら寝息を立て始めた修習生がいました。

当然、裁判官は、

「君、法壇から降りなさい」

と厳しく注意。その修習生は、目が覚めて一瞬ビックリするとともに、「すみません……」と小声で言うと、申し訳なさそうに、法壇を降りて、修習生席と書いてあるテーブル席に座りました。

その後が、さらにビックリです。

その修習生、裁判官に怒られて、おとなしく法壇から下りたままでは、まだよかったのですが……。

実は、また、その修習生用のテーブル席で寝てしまったのです。

これには裁判官もビックリ！

法廷から戻ってきた裁判官が苦笑しながらポツリと一言……、「あいつは、とんでもない馬鹿者か、それともとんでもない大物になるな……」

修習生の法廷珍事でした。

その修習生は、今は立派な弁護士になっています。

この法廷珍事では、裁判官が、居眠りしている修習生に法壇から降りるように注意しましたが、これは広い意味での裁判官の訴訟指揮《そしょうしき》といえるものでしょう。

訴訟指揮とは、裁判官が審理をするうえで法廷の主宰者として行使するもので、訴訟運営全般にかかわります。例えば、事例のような場合だけでなく、当事者が不規則発言（発言してはならないところで発言するなど）をしていれば、審理の妨げになるとして制止することができますし、傍聴人が傍聴にふさわしくない服装をしている場合やプラカードを持って騒ぐなどしている場合は退廷してもらうなど、訴訟指揮権を行使する場面は実に多様です。

全ては、円滑な審理、法廷内の秩序維持等のためですが、あまり強権的に使うこともよろしくありませんし、かといって緩慢に過ぎると本来の目的を達することができず、司法への信頼も損なってしまうことになりかねません。

ですから、訴訟指揮権の行使は裁判官としても非常に神経を使うところです。

7　民事事件で家宅捜索？

1　家宅捜索

「動くな！警察だっ！」との掛け声と共に、麻薬の密売組織のアジトのドアを蹴破って入っていく刑事たち……。かっこいいですよね♪　刑事たちはアジトに入っていくと、フダ持ち（裁判所の捜索差押えの令状を持っている人）が密売人らに、令状を示して、「裁判所のガサ状だ、麻薬取締法違反の疑いで、これからガサに入る」などと宣言します。そして、密売人らに、「ブツはどこだ？」などと追及しながら捜索を開始するわけです。このように、裁判所の令状で犯人のアジトなどに入り証拠を捜して差し押さえることを、法律用語としては「捜索差押え」、警察用語としては「ガサ入れ」、報道用語としては「家宅捜索」などとそれぞれいいます。いずれにしてもこれらは刑事事件の手続となります。このようないわゆる家宅捜索は、今、紹介した麻薬の密売事件等の他、よく報道されるものに東京地検の特捜部が政治家の贈収賄事件等で、政治家の事務所から段ボール箱を運び出すシーンが思い浮かぶものと思われます。ですから、家宅捜索といえば、刑事事件に直結するイメージではないでしょうか。

2　民事事件の家宅捜索？

しかし、実は、この家宅捜索、刑事事件だけの専売特許ではありません。

例えば、Aさんという患者さんが、過去に、ある薬で激しいアレルギー反応を起こしていたことがカルテに記載されていたにもかかわらず、○○総合病院の医師Bがその記載を見逃して、同じ薬をAさんに処方した結果、再び激しいアレルギー反応を起こして重症化し、その結果、重い後遺障害が残ってしまったという医療過誤があったとします。

Aさんは、自分に重い後遺障害が残ったのは、○○総合病院の医師Bが、薬の処方に関して判断に誤りがあったからだとして医療過誤の民事裁判を起こそうと考えました。しかし、Aさんの元には、その医療過誤を証明するための資料はほとんどありません。他方で、病院側には、カルテ、レントゲン写真、投薬記録、その他の診察記録等Aさんの診察、治療のための記録が山のようにあります。病院側は、Aさんが裁判を起こしたと知れば、自分たちの責任をなんとか免れようとして、カルテなどを改ざんするかもしれません。そうなってしまっては、元も子もないわけです。通常、医療過誤等で民事裁判を起こすときは、裁判所に訴状を提出して、その訴状が病院に送られて、その後、しばらくして第1回の民事裁判が開かれます。その裁判が開かれるまでだいぶ期間が空いており、その間に、病院側は、自分たちに不利な証拠を捨ててしまったり、あるいは有利になるようにカルテなどの証拠を書き換える改ざんはいくらでもできるわけです。そのような改ざんができないようにするため、病院側が患者側の動きを知る前に、裁判所に申し出てあらかじめカルテなどの証拠の内容をあるがままの状態で記録にとどめておいてもらうことができる手続があるのです。それが「証拠保全」という手続です。

この証拠保全の申立てを裁判所にして、裁判所がその申立てを認めると、証拠保全の期日が定められます。この証拠保全の期日になると、裁判官と書記官が病院等の現場に出向いていき、病院関係者に、「裁判所です。証拠保全の手続をするためにやってきました。Aさんのカルテなどを見せてください」などと言います。これに対して、病院側がカルテなどを示したり、電子カルテであればプリントアウトをして提出してくるので、それを書記官が受け取るなどして証拠化します。こうすることによって、病院側が後で自分に都合のよいようにカルテなどを改ざんしたとしても、裁判所で作った証拠保全の調書を見れば、元々書いてあった内容がすぐさま確認できて、病院側の改ざんが分かるわけです。

病院側がカルテなどを見せることを拒否した場合は、裁判所は、病院側に対してカルテなどを見せるように命令することもできます。それでも頑なに見せないという態度をとったときは、民事裁判になった場合に、そのような病院側の対応には、やましいところがあるに違いないと病院側に不利な判断をされることがあります。

また、医療過誤だけではなく、例えば、労働事件で、賃金がきちんと払われていないという賃金不払いなどの事件でも、労働者がどのくらい働いていたのかといった労働時間等のデータを会社に行って記録化するような証拠保全もあります。

これでお分かりいただけたと思いますが、裁判官は、裁判所の建物の中にいて、法廷で法壇の上から当事者の主張を聞いているだけではなく、実際に現場に出向いていき、証拠を調べることがあります。こうした証拠保全のように裁判官が現場に出向いて証拠調べなどをする手続は、この他にも、病気で入院先の病院の外に出られない人の証人尋問、交通事故の現場検証、現地調停といって土地の紛争の調停で現場を見ながら調停をする場合など実に様々なものがあります。

なお、民事事件の証拠保全は、基本的には、刑事事件の家宅捜索等とは異なり、捜索して発見した物自体をその場で差し押えるというようなことはなく、カルテなどを見せてもらったら、それを印刷してもらったり、写真に写したりして記録にとどめたりするだけですが、まさに刑事事件の家宅捜索に相当するような法律の手続に則った証拠収集手続であるといえるでしょう。

8　沈黙は金、されど民事裁判での沈黙は禁

1　民事裁判で沈黙していると……

遠藤周作の歴史小説のタイトルにもありますが、「沈黙」は、時として美徳と賞賛されます。私たち日本人は、特にそのような意識が強いのではないでしょうか。

しかし、民事裁判では、沈黙は美徳でも何でもなく、敗訴の原因となる自白とみなされます。民事裁判の自白には

(1)　自分から進んで相手方の主張している事実を認める自白

(2)　沈黙、ただ黙っているだけで相手方の主張する事実を認めたものとみなされる自白（これを法律用語で擬制自白《ぎせいじはく》といいます。）

があります。

刑事事件の被告人には黙秘権という「黙っているだけでは不利益を受けない権利」があります。刑事裁判において、沈黙していることで自白しているとみなされるなどということは、現代文明の法治国家では、およそ認められません。

しかし、民事裁判では、裁判の期日に呼び出された被告が、裁判所に出廷して、原告の訴えに対して、裁判が終わるまでの間、ずっと黙っていたとすると、原告の言い分を全部認めた、つまり、自白したものとみなされ、被告は敗訴することになります。

例えば、被告が、「勇気がない」とか「緊張した」など後ろ向きの姿勢で沈黙している事例を見てみましょう。

原告Aが被告Bに対し、「平成27年1月1日に、AはBに対し、平成27年10月1日に返すという約束で、10万円を貸したけれども、返済期限になってもBがお金を返さないので、BはAにそのお金を返せ」と訴えたとします。

これに対して、Bは、裁判所に出廷したのですが、何も言えずに心の中で、「借りた覚えないな。でも勇気がないから、そんなこと言えないな」と思い、ずっと黙ったままでした。そんなBの様子を心配して、裁判官が、「Bさん、何か言うことはありませんか」と尋ねますが、Bはさらに緊張して一言も口にできません。こうなってくると、もう民事の裁判というのは、あっという間に終わります。判決の結果は、もちろん、Bが敗訴で判決の内容は「Bは、Aに対して10万円を支払え」となります。そして、その理由は「被告は、事実を争うことを明らかにしないのでその事実を自白したものとみなす」

ということになります。この理由のうちの「自白したものとみなす」が正に、擬制自白です。犠牲ではなく擬制です（もっとも前記のような例ですと、被告は沈黙することで自らを陥れているようなものですから、大喜利風に言うと、「これがホントの犠牲自白」ということになるでしょうか。）。

Bの場合、裁判所に出廷して沈黙しているケースですが、裁判所の呼出しを受けていながら、答弁書（被告としての言い分を書いた書面。この後に少し詳しくでてきます。）も提出せず、呼出し期日に出廷もせずに全く無視して放置していたとしても、やはり結果は同じ擬制自白で敗訴となります。

沈黙も、呼出し不出頭も「被告は、事実を争うことを明らかにしない」態度に変わりはありませんからね。

2　こんなことがあるかもしれません……

民事裁判では、原告が被告を訴えるために訴状を裁判所に提出すると、裁判所が、訴状とともに答弁書催告状《とうべんしょさいこくじょう》という書面を送ります。この答弁書催告状というのは、原告の訴えに対して、被告として何か反論等言いたいことがあれば答弁書という書面に書いて裁判所に提出してくださいという裁判所からの催促の手紙です。

被告が、この答弁書催告状を受け取ったにもかかわらず、無視して答弁書を書かず、あるいは答弁書を書いても提出期限までに裁判所に提出しないで、さらには、裁判所で決められた第1回の民事裁判の期日にも出頭しないとなると、事は重大です。

というのは、先ほども述べましたように民事裁判において被告が何のアクションも起こさないということは、その態度だけで、法律的には、被告が原告の言うことを全部認めたというふうにみなされてしまう、つまり擬制自白となるからです。

被告にしてみれば、そういう態度に出るというのは、例えば、原告のことが気に入らないから原告の顔を見たくないとか、原告の被告に対する主張はめっちゃくちゃで相手にする必要はないなど、被告なりの様々な考えや事情があることと思います。

しかし、どんな事情があっても、どんな理由があっても、一旦、原告が被告に対して起こした民事裁判を無視すると、法律的には、被告は、原告の主張を全て認めたとみなされ、それを前提に裁判が進み、結局、被告は、敗訴してしまうことになります。

もう一つ刑事事件がらみの民事裁判の例をあげてみましょう。今度は、先ほどの、「勇気がない」とか「緊張して」という後ろ向きの沈黙ではなく、「怒り」とか「不愉快」等の強い感情による無視です。

18歳未満の女子高生をホテルに連れ込んで性交渉に及んだいわゆる児童買春の事件で、その被告人が、女子高生とホテルに行ったこと自体を否認して争いました。そこで、検事としては、刑事裁判の法廷で、ホテルの従業員から、確かに被告人がその日、女子高生とホテルに入ったという証言をお願いすることにしたわけです。結局、その証人尋問は、誰の目から見てもほぼ成功を収めたといえる結果に終わりました。

すると、今度は、なんと被告人が、その証言をしたホテルの従業員を民事裁判で訴えたのです。訴えの理由としては、その従業員が嘘の証言をしたことで自分が真犯人に仕立て上げられて精神的な苦痛を受けたというのです。

当然、そのホテルの従業員は、検察庁に怒鳴りこんできます。

検事の部屋に入ってくるなり、「検事に協力して証言しただけだっていうのに、なんで被告人からこんな裁判を起こされなければならないんだ！こんな裁判には出頭するつもりはないし、答弁書だって出さない！」とものすごい剣幕です。

この従業員が頭にくるのも当然といえば当然です。しかし、既に述べたとおり、民事裁判では、その訴えの内容が不当なものかどうかという以前に、訴えられたことに対して何も対応しないと負けを認めたことに直結してしまうおそれがあるのです。

ですから、このような場合、検事としては、とにかく、最低限、答弁書だけは提出してもらうようにその従業員を説得するしかありません。仮に、その従業員が、一応の理解は示してくれたとしても、答弁書みたいなものは書いたことがないし、知っている弁護士もいないなどと言っても、それで見捨てるわけにはいきません。

もし、検事が、「これはボクの仕事じゃないし、民事裁判の答弁書を書く立場にない」などと言ったら、たぶん、捜査や裁判に協力してくれる人はいなくなります。検事は「被害者とともに泣く」とよく言いますが、それが刑事事件だろうが民事事件だろうが「捜査協力者を守る」というのも当たり前のことです。

結局、その事件では、一般的な答弁書の書き方を伝え、第1回の民事裁判を何とか乗り切ってもらいました。その後は、弁護士会に相談に行ってもらって理解のある弁護士に付いてもらうことができ、その弁護士が、被告人の訴えが不当訴訟だとして反訴《はんそ》（反対に訴え返すこと、つまり返り討ちにすることです。）を提起し勝訴したと聞いています。

3　民事裁判では、沈黙は金でも美徳でもなんでもありません

きちんとした言い分があるにもかかわらず、最初の事例のように、「勇気がない」、「怖い」などの消極的な理由による沈黙も、今、お話しした原告に対する反感や敵意等による無視も、すべては「争うことを明らかにしない」という被告側の態度となり、原告の言い分を全て認めたこととみなされる擬制自白につながっていくのです。

ですから、民事裁判では、きちんとした言い分があれば、沈黙は金ではなく「禁」と考えた方がよいと思います。

9　交通違反あれこれ

1　忘れたい過去の過ち……

大変お恥ずかしいことで、もう30年近く前の話になりますが、まず、私が交通違反をしたときのことからお話しします。

20歳になって間もなくのまだ大学生だったときのことです。当時、中型自動二輪車、現在の普通自動二輪車の運転免許を取得（その後、以前の免許制度で、あの地獄の限定解除試験に合格し、今は、あこがれの大型自動二輪の免許になっています。）し、喜んで某K社のGP○という400CCのバイクに乗って遊びあるいていました。

ある日、愛車のバイクで友人のF田君の家に遊びに行く途中で、住宅街に迷い込み全く方向が分からずあっちこっち走り回っていました。うっすらと小雨も降りはじめており、ほとほと困り果てていた私は、どうしようかと思いながらも、なす術もなく右へ左へとバイクを走らせていたのです。

すると、小雨の水滴が付くヘルメットのシールドを通して、なんと数十メートル先に自転車を押して歩いているお巡りさんを発見！地獄に仏とは正にこのことか、お巡りさんに道を聞こうと思い、そのお巡りさんのところにバイクで徐行しながらゆっくり近づいていったのです。そして、「すみません、道に迷ってしまって、幹線道路に出るにはどうしたらいいですか?」と尋ねました。そのお巡りさんは、一見、すごく穏やかで、いかにも優しそうな人でした。

しかし、次の瞬間、非情にもこの一言です。「あー、この道路ねー、一方通行なんですよ。今、逆走してきましたから、切符切りますね。その後、道案内しますから」……なんちゅー意地悪か……もっと他に取り締まるやついるだろーと内心穏やかでないながらも、私は、「えーっ! 道に迷ってたんですから、進入禁止の標識なんて気づきませんよ、許してくださいよ」とかなりトーンを下げた控えめな抗議。しかし、そんなときの抗議はむなしいものです。そのお巡りさんは、「気持ちは分かるけどねー、あぶないんですよ。ちゃんと免許持っているんですから、自覚してください」と私の状況に同情してくれつつも、「免許持っているんですから」というものすごーく説得力ある一言を言われ、あっけなく撃沈です。結局、私は、そのとおりだと思い、「すみませんでした」と違反を認めて、切符を切ってもらったのでした。

このとき、私が切られた交通切符は、違反としては軽い方だったので、俗にいう「青切符」でした（軽いとはいっても、一方通行の逆走は、故意にやれば「懲役3月以下又は5万円以下の罰金」と懲役までありますし、私のように標識を見落とした過失でも、懲役はないものの「罰金10万円以下」と意外と重いです。）。

交通切符には、今お話ししたいわゆる「青切符」のほかに、より悪質な違反について切られるいわゆる「赤切符」というものがあります。

このうち「青切符」は交通反則通告制度が適用されます。

2　交通反則通告制度

交通反則通告制度というのは、比較的軽い交通違反をして取り締りを受けた人については、一定の期間内に、法律で定める反則金を納付すれば、その交通違反について起訴をされないという制度です。

本来、軽い交通違反でも法律で罰金が定められていれば、それは刑事罰なので、違反については起訴されてちゃんと裁判にかけられたうえで刑罰が決められるというのが筋です。

しかし、冒頭でお話しした私のような違反、そのほか、一時停止無視、時速10キロや20キロオーバーといったそれほど悪質でない速度違反等全ての交通違反について刑事手続に基づいて刑事処罰をするというのは、あまりにも現実的ではありません。ですから、そうした比較的軽い交通違反については簡略に事件を処理できるようにしたのです。

手続としては、速度違反等の交通違反で取り締りを受けると

(1) 警察官が反則行為を告知します。

(2) 反則者が告知を受けた日から7日以内に反則金を納付します。

反則金が納付されると、その交通違反については、刑事処罰を受けるための起訴をされるということはなくなります。

(3) 反則金が納付されなかった場合は、警察本部長が反則者に反則金の納付を書面で通告します。

(4) この通告から10日以内に、反則金と通告書の送付費用を納付します。

ここで反則金と送付費用を納付した場合も、刑事処罰を受けることはなくなります。

(5) 以上の手続において、結局、正当な理由がなく、反則金を納めなかったときは、通常の刑事事件となり、起訴されて罰金の処罰を受けることになります。

なお、交通反則通告制度は、最初に説明しましたが、あくまでも一時停止無視や超過速度の低い速度違反など比較的軽い交通違反でなければ適用されません。

交通反則通告制度が適用されない悪質な交通違反とは、例えば

①酒気帯び運転　②無免許運転　③人身事故を伴う違反

などがあげられます。

これらの違反は、とても悪質で重い懲役刑も定められている重大な違反であり、罰金の処罰を受けるとしても金額も高く、交通反則通告制度にはなじまないと考えられているのです。

このような場合は、いわゆる「赤切符」となり（事件の重大性によっては、赤切符でも処理されず、より正規の刑事手続による場合もあります。）、最初から刑事手続となり起訴されて刑事処罰を受けることになります。

3　ある無免許運転違反者の意識の低さ

もう退官された私の尊敬するI裁判長の法廷でしたが、傍聴していてとても印象に残った無免許運転の常習者の事件がありました。それは、裁判長が、被告人に対し、無免許運転の悪質性についての意識の低さを自覚させるためにした質問でした。以下に、紹介します。

裁判長「あなた、以前、普通自動車の運転免許を持っていましたよね」
被告人「はい、持っていました」
裁判長「そうすると、最初から免許を持っていなかった人と違って、あなたは車の運転操作はよく知っているわけですね」
被告人「はい、一応、普通に運転はできます」
裁判長「それなら、あなたの場合、無免許でも安全に気をつけて車を運転していれば、誰にも迷惑はかかりませんよね」
被告人「はい……?」
裁判長「実際、あなたは、事故を起こしていませんよね」

被告人「はい、無免許で取り締りを受けただけです……」
裁判長「あなたは、無免許運転がばれてはまずいと思い、特に事故を起こさないように気を付けて運転していたのではないですか」
被告人「はい、そのとおりです」
裁判長「それでは、あなたはもともと運転できるし、あなたの運転は危険ではなかった、それなのに、どうしてあなたは罪に問われているのですか？」
被告人「……むっ……無免許が法律で禁止されているからです」
裁判長「そんな形式的なことじゃなくて……」
被告人「……？」
裁判長「あなた、そんなことも答えられないんですか！そんな意識だから、何度も無免許運転を繰り返すんですよ！運転免許というのは、車の運転の操作ができるだけじゃ与えられない、

運転操作の能力

と

交通ルールを守る気持ち

この二つがそろわなければそもそも車を運転する資格がないんですよ。あなたは、これまで交通ルールを守らずさんざん違反を繰り返してきたから免許を取り消された。それはルールを守る気持ちという資格がないと認められたからなんです。そんな人が車を運転してはいけないのは当たり前でしょ。分かりますか」

被告人「はい……」

裁判長「今度、刑務所から出てきたときは、本日の法廷を思い出して、二度とこのようなことがないようにしてください」

今、登場した被告人の交通違反に対する意識の低さはとても深刻なものです。

交通違反は、うっかり標識を見落とした過失によるものから、酒気帯びや無免許運転のようなものまで様々ですが、気の緩みから交通違反を繰り返すことが重大事故につながり尊い命が奪われることになっていくことについて、しっかり自覚しハンドルを握る者としての責任をもって運転に臨みましょう。

10　当事者能力

当事者能力

海外旅行が大好きで、「ボクは、英語はまぁまぁできるほうだから、海外に行ったときのコミュニケーションは不自由しないよ」と言っていた彼の話です。

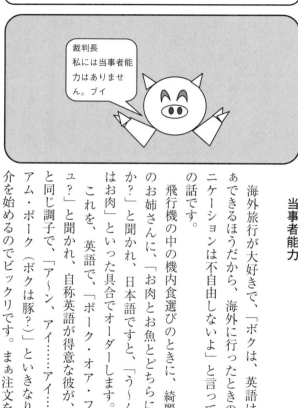

飛行機の中の機内食選びのときに、綺麗なＣＡのお姉さんに、「お肉とお魚とどちらにしますか？」と聞かれ、日本語ですと、「う～ん、ボクはお肉」といった具合でオーダーします。

これを、英語で、「ポーク・オア・フィッシュ？」と聞かれ、自称英語が得意な彼が、日本語と同じ調子で、「ア～ン、アイ……アイ……アイ・アム・ポーク（ボクは豚？）」といきなり自己紹介を始めるのでビックリです。まぁ注文を受けた方も理解できるので問題ありませんが……。

このように、分かっているようでおかしなことを言ってしまうというのは法律用語でもよくあることです。一応、日本語でできているので、日本語の意味から大体こんな意味かなと思って使うととんでもない変な使い方になってしまうことがあります。

例えば、タイトルで出した「当事者能力」ですが、これは民事裁判の法律用語です。「当事者」というと、一応、原告とか被告とか訴えたり、訴えられたりする立場をいうのかなとある程度想像がつきます。その後に続く「能力」ですが、どうも言葉の意味からすると、当事者としてふさわしいかどうかくらいの意味かなと推測したとします。そうすると、当事者能力とは、その語感からして、原告が、訴える相手として被告がふさわしい人なのかどうかというときに当事者能力があるかどうかの問題になるようにも思えますね。

いや、実は、そういう意味ではないのです。

例えば、原告のAさんが、BさんにアパートのA部屋を貸していたけれども家賃を払ってくれないので、Bさんに家賃を払って欲しいと訴えたとします。Bさんは全く身に覚えがありません。実は住んでいたのはCさんで、CさんがBさんの名前を勝手に使って契約していただけだったのです。そこでBさんが、当事者能力について先ほどの理解に基づいて、Aさんに対し、「私には当事者能力がありませんから」などと言うと、冒頭に登場した英語が少しはできると思っている彼の、「アイアムポーク」の答えと妙にマッチするんですね。

というのは、「当事者能力がない」と言っているのは、荒っぽい言い方をすると、「私、人間じゃありません」と言っているのと変わらないことになるんです。

当事者能力とは、権利を受けたり、義務を負ったりすることのできる人（生身の人間の他に会社などの法人も含みます。）であれば誰でも持っているものなのです。

過去に、自然保護団体等が絶滅危惧種の動物を原告として訴えを起こしたことでニュースになったりしたこともありましたが、この場合は、原告が動物なので、直接権利を受けたり義務を負ったりできないということで当事者能力がないとされ、原告の訴えは不適法却下、つまり、訴え自体が法律で認められない（＝不適法）ので、裁判を始める前に門前払い（＝却下）とされるわけです。

裁判の場面ではありませんが、某大学法学部出身のナントカ大臣が、国会での○○疑惑についての答弁で、「その件についてでは、私には当事者能力がありませんから」などと答えるのを聞くと、私には、どうしても、「アイアムポーク」と聞こえてきてしまいます。

なお、この当事者能力に対して、「当事者適格」という別の言葉がありますが、こちらの方は、まさに、その訴えにおいて、原告として又は被告としてふさわしいかどうかということを意味する法律用語です。

11　猫の権利……

1　猫の情け

このタイトルの直前が、ブタの「当事者能力」の問題でしたので、今回は、ちょっと猫の法律上の位置づけについてお話しします。

仕事でミスが続き、特に調子が悪く落ち込んでいたある日の夜のことです。

自宅に向かう足もいくぶん重く、駅から10分ほどの道のりもいつもより長く感じました。そんな憂うつな気分で、やや頭を下げ気味にトボトボと歩いていると……、ふと前方に視線を感じたのです。

何気なく頭を上げて前に目をやると、猫が私をにらみつけているではありませんか。私は、その猫を見て、「こいつめ、猫までがオレのことをバカにするのか」と思いましたが、そう思う自分がなお情けなくなり、またトボトボと歩きはじめました。

しばらく歩くと、今度は歩道の傍《かたわ》らに、全身血だらけになった猫がぐったりして倒れていました。おそらく車にひかれたのでしょう。あの様子ではもう死んでいたかもしれません。「かわいそうだな……」と思いながらその場を通り過ぎました。

その時です。ニャーニャーとやや弱々しく悲しげになく猫の声がしました。

振り返ると、さっき、私をにらみつけていた猫が、倒れていた猫のそばにきていました。その猫は、何度も何度も倒れていた猫の身体を前足でなでるような素振りをしています。その様子は、まるで、「起きてくれ、しっかりしてくれ」と言っているようでした。

しばらくすると、その猫は、仲間の死を悟ったのか、前足でなでるのを止めました。そして、すくっと立ち上がると亡骸の首をくわえ、暗闇の中に消えて行きました。

彼らが親子なのか、親友なのか、恋人同士なのか、それは分かりません。ただ彼らのような過酷な環境の中で生きる動物たちの間にもお互いを思いあう情があるのだなとあらためて感じました。

悲しい場面ではありましたが、一時浮き世の憂いを忘れ、命の尊さに心を動かされました。

2　猫の法律上の位置づけ

さて、私が目撃した猫は、どうやら交通事故に遭ったようでしたが、一般に、猫は法律上、どのように保護されているのでしょうか。

まずは、飼い猫です。飼い猫は、刑法で保護されています。ただし、これは飼い主の財産権として保護されているのであり、猫自身の権利として認められているわけではありません。飼い猫を故意に傷つけ殺傷した場合は、刑法２６１条により器物損壊罪として、懲役で最高３年、罰金で最高30万円に処せられます。

ところで、猫を傷つけた罪が器物損壊罪とは、どういうことだ、なんで、うちのかわいい猫が、器物、つまり「モノ」扱いなんだとお怒りになられる方もいらっしゃるかもしれませんが、それは罪名がそうなっているので仕方がないのです。動物傷害罪という言い方をすることもあります。

また、民事的には、故意だけでなく過失で飼い猫を殺傷した場合でも、損害賠償を請求されることがあります。

次に、野良猫です。野良猫は、誰のものでもないので、傷つけたりしても刑法の器物損壊罪にはなりません。ただし、「動物の愛護及び管理に関する法律（一般に「動物愛護法」といっています。）」という法律があって、野良猫であってもむやみに殺したり傷つけたりすると、2年以下の懲役又は200万円以下の罰金に処せられます。

ときどき、野良猫の他殺体と疑われる死体が発見通報されてニュースになることがありますが、犯人が捕まれば、この法律に基づいて厳しく処罰されることになります。

ただ、残念ながら、飼い猫も野良猫も、猫自身には生きる権利は法律上認められていません。冷たい言い方ですが、法律上の権利というのは、ちょっと難しい言い方をすると「一定の利益を主張又は享受することを法律によって認められた地位」、つまり、例えば、自由に生きていくという利益を例にすれば、その利益が自分にあると主張し、それを実際に認めてもらえる法律上の立場とでもいいましょうか、それは人間にしか認められていないということです。

猫は、動物愛護法で保護はされていますが、それは猫の権利としてではなく、人が動物をかわいがり、動物との共生を望むところからくる人間側の勝手な都合によるものです。

世界では、アニマルライツ（動物の権利）といって、動物そのものに権利を認めようという考え方もありますが、人間社会を規制する法律の世界で動物の権利を認めるというのは容易なことではないようです。

結局、法律は、本当の意味で動物たちを守ってあげることはできないのかもしれません。やはり、飼い猫が幸せに生きるには、飼い主の無償の愛情によるのが一番ですし、野良猫が理由なき暴力を受けず平和に暮らすには、彼らを静かに見守る私たち一般市民の愛護の気持ちによるのが最も確かなのでしょう。どうぞ、身近にいる動物たちを優しく見守ってあげてください。

12　被疑者にも被害者にもヒ（被）がある？

1　交通トラブル発生

ある小春日和の昼下がり、A君が気持ちよくドライブをしていると、A君の車のはるか後方から猛スピードで爆進してくる怪しい車が……。バックミラーで見ると、みるみる近づいてきます。そして、A君の車にぴったりついて、ブッブーブー！と警音を鳴らし続けるではありませんか。A君は、相手の車の様子を見て、「これはヤバイ人が乗っているのかもしれない。たぶん、邪魔だ！道を空けろと言っているに違いない」と怖くなり、車道の左側に自分の車を寄せたうえ、ハザードを点滅させて停止、そして道を譲ろうとしたのです。

ところが、相手の車はA君の車を追い越していくことなく、そのままA君の車の後ろにピタリと止まりました。そして、相手の車の運転席側ドアが、ガチャッと開くと、思っていたとおり人相の悪い大柄の男が車から降りてきました。A君は、トラブルに巻き込まれるのは嫌だと思い、ドアをロックして車の中に居続けることにしたのです。しかし、そんなことはお構いなしに男はそのままどんどんA君に近づいて来ます。そして、A君の運転席ドアの窓ガラスを激しく叩いて、何やら大声で文句を言って叫んでいました。この様子を見たA君は、「もう逃れられない、なんだか分からないけど、謝って許してもらおう」と思い、恐る恐るロックを解除してドアを開けました。

その男は、顔を真っ赤にしながらA君に向かって、「お前さ〜、さっきの交差点で、急に止まるから、追突しそうになっただろうが！どういう運転してんだよ！事故ったらどうするつもりだ！」と怒鳴ってきました。A君は、心の中で、「確かに交差点で止まったけれども、あれは信号が黄色になったので、止まっただけで急ブレーキもかけていないし、危ないことは何もしてないよ」とつぶやきました。車の運転をされる皆さんも経験上、よくご覧になることがあるのではないでしょうか。そうです。A君を怒っているこの男は、信号無視の常習犯です。黄信号や赤信号に変わった直後くらいなら平気で加速して信号無視で突っ切っていくような乱暴な運転をする人ですね。この場合、A君は黄信号に気づいて止まれる範囲の無理のない停止をしているので、何も問題は無かったのですが、相手の男は、加速して一気に突っ切ろうとしたため、A君の車に後ろから追突しそうになったというわけです。何も落ち度がないのに言いがかりをつけられたA君はたまりません。

それでもA君は、とりあえず謝ってこの場を乗り切ろうと思い、「どうもすみませんでした」と謝ったのですが、次の瞬間、男は、「謝るだけじゃしょうがねえだろ、慰謝料よこせ！」と言ってA君のお尻の右ポケットから顔を出していた財布に手を伸ばそうとしたのです。A君は、「やめてください！」と言い、つい右手で男の左手を払いのけました。

すると、その男は、「あっ痛てて、お前、オレの胸殴ったな！」などとありもしないことを突然言い出したのです。A君は、男の左手が自分の財布に伸びてきたのでそれを振り払っただけだったのに、いつの間にか胸を殴ったということにされてしまいました。

A君は、男に、「胸なんか殴ってないじゃないですか」と言いましたが、男はすぐに110番通報です。その後、警察官がパトカーで現場にやってくるや、男は被害者だと申告し、胸を殴られたことなどを警察官に説明していました。A君は、「自分は身に覚えがありません」と何度も説明しますが、警察官は何やらA君を疑っているような素振りでした。そしてA君は在宅で書類送検（逮捕されず、捜査の記録等の書類だけが警察から検察庁に送られること。）されました。

2　しゃべる人ほど矛盾する？

いよいよ検察庁での取調べが始まりました。

A君は、相変わらず、否認です。自分は、男の胸は殴っていない、男の方が、「慰謝料をよこせ」と言いA君の財布を奪おうとしたので、その手を払っただけという趣旨でずっと変わることはありませんでした。

そこで、私は、被害者だという男から再度事情聴取をすることにしました。その男は、A君が、左胸を殴ってきたということ、それが交通上のトラブルだということは同じ話をするのですが、交通上のトラブルについては、最初、信号で停止したことがきっかけであるかのような話だったのが、信号とは関係なく、走行中に急ブレーキをかけられて、からかわれたとか、A君が蛇行運転をしていたとか、いろいろと話が変わってくるので、何か不自然な印象がありました。

しかし、被害者というのは、被害にあったその時点で、驚愕、恐怖、不安等様々な感情が交錯して、興奮したり、緊張したりしていることもあります。被害者の人柄が誠実か否かという問題とは関係なく、場合によっては、被害時の状況はもとより、その前後の事実関係等についても、観察が十分でなかったり、記憶違いがあったり、被害感情からやや誇張した話になってしまうということはあり得るわけです。ですから、胸を殴られたという男の話を、その経緯が変だというだけで、信用できないとはいえないのです。

そこで、その後、その男に何度か、検察庁に来てもらい、詳しく事情を聞くことにしました。そして、2回目、3回目と事情聴取をし、やはり、話がところどころ変わっているのですが、徹底的におかしいというわけではありませんでした。

事態が急変したのは4回目の呼出しのときです。被害者の男は、検察庁での事情聴取にも慣れてきたせいか、調べ室に、ニコニコしながら、「また今日もよろしくお願いします」などと言い入ってきました。

私が、その男に、「何度も来ていただいて申し訳ありません。ところで、あなたが、胸を殴られたという事件が発生してから、かれこれ数か月経ちますが、今も殴られた胸は結構痛みますか?」と聞いたのです。すると、その男は、「そうなんです。結構痛くて、仕事中も痛くて手を休めることもありますし、寝ているときも痛みで起きてしまうこともあるんですよ」と深刻そうに訴えてきました。

「そうですか、それは大変ですね。ちょっと、今のお怪我の状況を確認したいので、胸を見せてもらっていいですか?」と聞くと、男は、「どうぞ、どうぞ」と言い、シャツをめくりあげ、右胸の乳首の上あたりを指さして、「ここです」と言うのです。

この時点で、この男のウソが決定的となりました。男は、当初から、「左胸を殴られた」と訴えていたのです。このとき、男を追及してはいけません。ウソを言っている人間は、追及されると、その場ですぐにそのウソを修正してきます。そのような場合でも話がコロコロ変わるので信用しにくいとはいえますが、正真正銘のウソで全く信用できないとまではいえないわけです。

男のウソを決定的に固めるためには、「左胸を怪我したと言ったのに、なんで右胸を指さすんだ!」などと追及するのではなく、ウソを証拠化することが重要です。そして、私は、男に、「あーなるほど、そこですね。分かりました。今のお怪我の状態をきちんと証拠化したいので、写真を撮らせていただけますか?」ともっていきました。男は喜んで写真撮影に応じたので、当時、私に付いていたY川事務官がパシャリ、パシャリと前から横から数枚の動かぬ証拠写真を撮っていきました。

できたポラロイドの写真を男に見せながら、「右胸のこのあたりが殴られて未だに痛むということでよろしいですか?」と男に聞くと、「そうです。そうです」と得意満面に返事をしてきました。そして、被害者調書を作って、その写真を調書に添付、被害者も納得して、このとおり間違いありませんと調書に署名押印しました。

ウソつきのウソは、ウナギのつかみどりのように、追及しても追及してもスルスルすり抜けてなかなかうまくしっぽをつかめません。ウソは追及してつぶそうとするのではなく、ウソを全て聞き入れて調書にして残す、そうすると、そのウソの足跡が変遷や間違いに満ちあふれていることがよく分かります。そして最後には客観的な証拠と完全に矛盾し、そのウソが決定的なウソとして、その顔を見せてくるのです。

その後、男から何度か電話があり、「なんで最後の呼出しから捜査がすすまないんだ」などとクレームを言ってきました。男が少しうるさかったので、私の方で、「あなたには、虚偽告訴罪の疑いがあるので、強制捜査を検討中です」と一言いうと、静かになり、それ以上、電話がかかってくることはなくなりました。

もちろん、A君は不起訴となりました。

タイトルは、「被疑者にも被害者にも『ヒ』がある」、でしたが、刑事事件を捜査するにあたっては、被疑者という肩書きを付されていても、被害者という肩書きを付されていても、それが必ず真実と合致しているわけではないこと、つまり、本当はどちらに「ヒ

（被）＝非」があるか分からないということもあるわけです。

この「被疑者にも被害者にも『ヒ』がある」というのは、この事件でA君が不起訴になった後、私に付いていたY川事務官が、不起訴記録を整理しながら、ポロッと口にした名言でした。

13　危ないクスリのお話

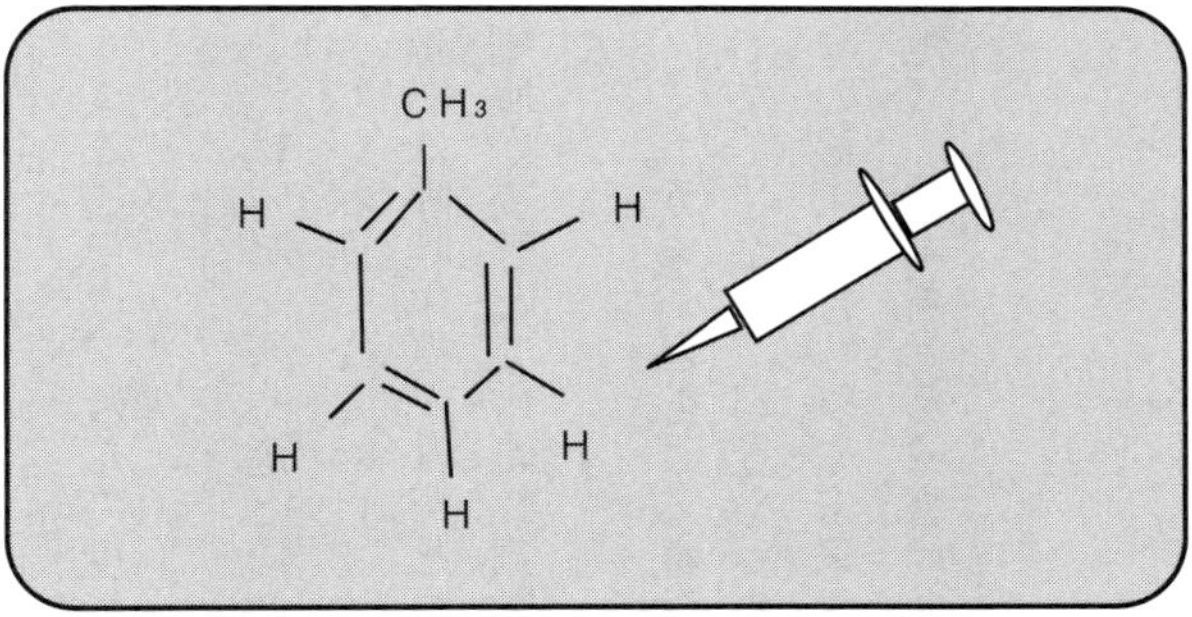

1　シンナー

シンナーというのは、シンナー遊びをする子供たちの間では、以前、アンパンなどといわれていたものです（ビニール袋に入ったシンナーを吸っている様子がアンパンを食べている姿に似ているところからきているようです。）。

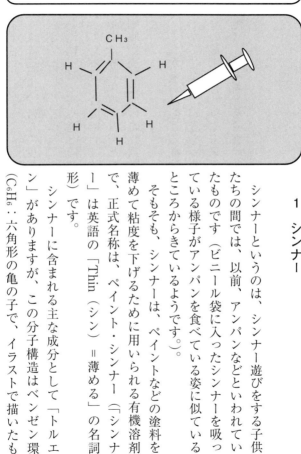

そもそも、シンナーは、ペイントなどの塗料を薄めて粘度を下げるために用いられる有機溶剤で、正式名称は、ペイント・シンナー（「シンナー」は英語の「Thin（シン）＝薄める」の名詞形）です。

シンナーに含まれる主な成分として「トルエン」がありますが、この分子構造はベンゼン環（C_6H_6：六角形の亀の子で、イラストで描いたもの。）にメチル基（CH_3：飲むと失明するおそれのあるメチルアルコールの成分。）をくっつけたものです（ここでは、ほんの少し化学記号が出てきますが、化学アレルギーの人は読み流してください。）。

このトルエンには、ビールや酒と同じように中枢神経の麻酔作用があって、その蒸気を吸い込むと酔っ払い状態になるわけです。しかし、その毒性はアルコールの比ではありません。急性中毒では呼吸中枢が麻痺して死亡することもありますし、長期にわたって使い続けると、脳細胞が委縮して中毒性精神病になることもあります。一旦委縮した脳はもう元に戻りません。

シンナーは、これからお話しする危険ドラッグ、覚せい剤、麻薬等より刑罰が軽く、甘くみられがちです。しかし、幻覚や妄想に陥り人を傷つけたり社会の秩序を乱したり、何よりも自分自身の健康を害し夢や未来を台無しにするとても恐ろしい薬物であることには変わりありません。命を縮め夢を奪う透明の液体……それでも今が楽しい方がいいのでしょうか。

2　危険ドラッグ

α－ＰＶＰはもう古い……。この薬物は、この後に解説する覚せい剤によく似た中枢神経を興奮させる作用のある危険ドラッグで、２０１１年ころに日本で流通し始めたものです。「バスソルト」などと呼ばれる粉末状のもの、植物片に添加されたもの、液体状のものなど様々なものがあり急速に広まりました。これらの薬物を使用したことによる中毒患者の増加、交通事故、さらには死亡例が出るなどし、社会問題化して急ピッチで規制されるようになり、これによく似た化学構造を持つ薬物も包括指定で規制されるようになったのです。しかし、さきほどシンナーのところで出てきましたが、例のベンゼン環にほんの少し別の加工を加えると、それだけで包括規制をくぐり抜ける物質が生まれてきます。しかも、その加工により、脳の中に入り込む性能やその毒性が増していくものもあり、事態は深刻です。

危険ドラッグは、規制済みのものでさえ、その成分は瞬時に脳内に入り込み、極めて短時間で中枢神経を麻痺させ、あっというまに脳細胞を死滅させていく恐ろしい薬物です。それが規制を逃れるために進化したものであれば、その恐ろしさはどれほどのものでしょうか。

　こうしてどんどんと形を変え悪質化していく危険ドラッグとその規制は、まるで、病原菌と抗生物質の闘いのようにイタチごっこです。ただ、病原菌と危険ドラッグには決定的に大きな違いがあります。病原菌は自然に発生し、私たちがどこでその病原菌に感染するか分かりません。しかし、危険ドラッグは、作るのも使うのも人間です。仮に闇の社会で生産されても、それを使わない意思を持つことで被害を防ぐことができるのです。

　自分たちを滅ぼす危険ドラッグという病原菌を自分たちで養い自分たちで成長させるほど愚かなことはありません。一人一人が高い意識をもって危険ドラッグに手を出さない、そうすることによって、生産組織や流通ルートは資金が枯渇し、やがて死滅していきます。法規制ではなく心の規制で根絶やしにしたいものです。

3　覚せい剤

漢字では「覚醒剤」と書きますが、法令上は「覚せい剤」です。

覚せい剤取締法で規制されている覚せい剤は、メタンフェタミン、アンフェタミン、そのほかに覚せい剤の原料としてエフェドリンなど、いずれも正式な薬品名ですが、こういったものが規制の対象になっています。

日本では、メタンフェタミンが、欧米ではアンフェタミンが主流のようです。

化学構造は、どちらも、さきほどシンナーで出てきたベンゼン環にエチルアミンという化合物のシッポが付いた様な形をしています。

ちなみに、エチルアミンというのは、恋愛をしてトキメクと出てくるホルモン「フェニルエチルアミン」の原料です。それでもって、このエチルアミンは、エチレンとアンモニアでできているんですが、このアンモニアは分かりますよね。おしっこに含まれている窒素化合物です。エチレンというのは、果物が熟したときに出るガスで、ガスバーナーの燃料になるプロパンガスの親戚です。

アンモニアとガスが恋愛ホルモンの原料なんて、なんか意外ですね。

まーそれはいいとして、私が言いたいのは、とにかく、この覚せい剤、分子構造が脳内麻薬のドーパミンにとてもよく似ているのです。

それは、今説明した分子構造からしてもうなずけますよね。だって、ベンゼン環もエチルアミンも両方人間にとって快楽物質で、それがくっついているんですから。

覚せい剤の薬理作用としては、読んで字のごとく、覚せい作用です。つまり、ガンガンきちゃうわけです。疲労感消失、作業能率向上などですが、こんなものはごく一時的な悪魔の快楽に過ぎません。食欲が減退する一方で運動能力が高まるので、余分なカロリーが消費できるとして痩身薬代わりに使う大馬鹿者もいるようですが、まず間違いなくこの世の生き地獄を見ることになるでしょう。

私が見た覚せい剤精神病の患者の中で最も凄惨な最期を遂げたのは、次のような人でした。その人は、覚せい剤の常習犯で、使う覚せい剤の量がどんどん増えていき、ある日、身体全体がかゆい、かゆいという妄想で気が狂いそうになりました。そしてどうしてもそのかゆみに耐えられなくなり、ゴルフクラブで車のフロントガラスを割って粉々にし、その割れたガラスの破片の上をのたうちまわりました。そして、最後には、体中に無数のガラスの破片を刷り込んで血だらけになって絶命したのです。これを生き地獄といわずになんといいましょうか。

覚せい剤は危険です、やってはいけません、などときれいごとだけ言っても実感がわかない若者も多いと思います。もっと、もっと、その愚かさ、醜さを示していくべきではないでしょうか。

4 麻薬

麻薬というと、モルヒネ、ヘロイン、コデインなどいろいろありますが、これらのものは元々は、阿片（アヘン）に由来します。アヘンは、ケシの未熟果皮の乳液の乾燥物ですが、通常、モルヒネを10パーセントくらい含んでいます。アヘンを精製して純粋なモルヒネを抽出したのが、いわゆるモルヒネ。覚せい剤がハイテンションを誘発するアッパー系ドラッグなら、モルヒネは、麻酔、陶酔、鎮痛作用といったダウン系ドラッグです。そういう意味では、麻薬より作用は緩慢ですが、ビールや酒もダウン系ですね。ちなみに、モルヒネの場合、精神的・肉体的依存性が強く、その禁断症状は、ワースザンデス（Worse than death：死ぬより苦しい）、肺腑をえぐる地獄の苦しみが数週間続くといわれています。

しかし、WHO（世界保健機関）は、適量処方による比類なき鎮痛麻酔効果に着目し、癌患者の鎮痛剤として医療目的で合法的に投与することを認めており、今や医療用麻薬は世界中で広く処方されています。

モルヒネに、アセチル基が2個くっついて、ジアセチルモルヒネとなったのがヘロインです。ジアセチルの「ジ」というのは2個という意味で、アセチル基というのは、料理で使う「お酢」ありますよね、そのお酢は、酢酸といって、化学式では「CH_3COOH」と書くんですが、そこから、お尻の方にある「OH」を取っぱらったもので「CH_3CO」の部分のことです。つまり、お酢の原料です。

このヘロイン、もともとは、ロンドンにある病院の医学校で世界で初めて調合され、その後、ドイツの某製薬会社が、結核や肺炎患者の鎮咳薬（咳止め）として開発したもので、1889年に発売を開始しました。名前の由来は、ギリシャ語のヘロス（英語のヒーロー、つまり英雄）からきています。それだけ薬理作用も強力ですが、副作用も非常に強いため、現在では、医療目的としても全面使用禁止とされています。

あまり知られていませんが、コデインという麻薬もあります。モルヒネにメチル基を1個くっつけたもので、こちらは、市販の鎮咳薬の中に普通に含まれています。シンナー遊びをする若者たちの中には、咳止めを大量に飲んでコデインの薬理作用を味わおうとするバカなことをする子供たちがいますが、とんでもないことです。

ですから、市販薬といえども、大人がしっかり目が届くようにして管理に万全を期するなど間違いが起きることのないようにしましょう。

これらのものが、アヘンを原料として抽出した麻薬で、アヘンアルカロイド系麻薬といわれているものです。

5　その他の薬物、毒物、劇物もろもろ……

アヘンアルカロイド系という言葉がでてきましたので、アルカロイドについてちょっと説明します。アルカロイドというのは、一般に、植物に含まれる植物塩基のことで、ニコチンやカフェインもその仲間です。

ちなみに、植物塩基の「塩基」というのは、水に溶けたときに電離して、水酸化物イオン（OH^-）を生じ、酸と反応して塩（エン＝塩：食べられるシオだけではないのでエンといって区別しておきます。）を作る物質のことです。

例えば、代表的なのが、中学校でも習ったと思いますが

$HCL + NaOH \rightarrow NaCL + H_2O$

の反応です。NaOH（水酸化ナトリウム）は、Na^+ と OH^- がイオン結合しているので、水の中では熟年離婚の夫婦のようにお互いに自由を求めてバラバラになります。そして新しく出会った二人、Na^+ と HCL（塩酸）の CL^- が相思相愛で「愛」の結晶ならぬ「塩」の結晶となっていくのでありました。ですから、ここではNaOHこそが、正に、NaCL（塩）のモトになる物質、つまり「味のモ○」……じゃない塩の素……塩の基（モト）→塩基ということになるわけですね。塩基のイメージ分かっていただけましたでしょうか。

さて、アルカロイド系薬物で有名になったのは、やはり、トリカブト殺人で使われた「トリカブト」でしょうか。この毒性の主成分は「アコニチン」という猛毒。その致死量、LD_{50}（リーサル・ドース：この量を投与することで50パーセントの実験動物が死亡するとされる目安です。）は経口投与で約0.3グラムという猛毒です。

一方、テトロドトキシン、これはフグの毒ですが、こちら、青酸カリの、なんと400倍……！さらに凄いのは、食中毒を引き起こすボツリヌス菌が生産する毒、ボツリヌストキシン、こちらは、フグ毒の10万倍！つまり青酸カリの4000万倍！！！地球上で手に

入る毒の中で最強クラスではないでしょうか。

この猛毒が、今や、筋肉の緊張を抑える薬として医療用に使われているというのですから、人間の知恵とは大したものです。

薬物も適正に使えば益となる反面、素人が手を出すと滅亡の魔物と化すなんて、ゲームの世界だけではないんですよ。

セカンド・ステージ

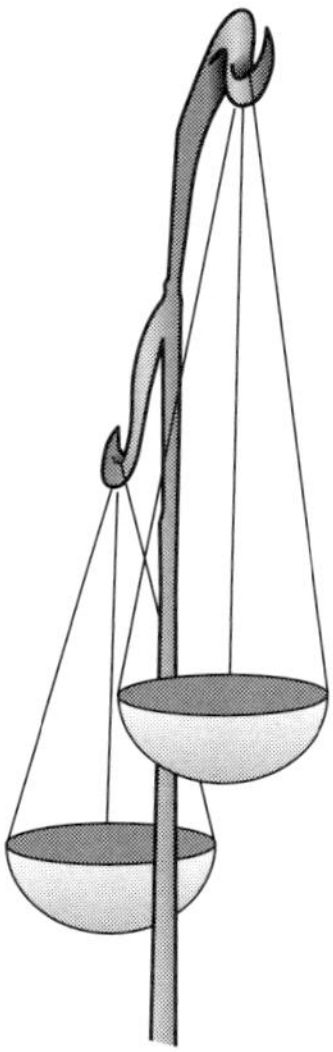

天秤

公平と平等の象徴として、正義の女神、テミス像が手に掲げているものです。

16の花弁を持つひまわりの形をした弁護士バッジにも、真ん中に銀色に輝く小さな天秤が描かれています。ひまわりの花は、太陽に向かって大きく明るくたくましく咲くことから「自由と正義」の象徴とされており、真ん中の天秤が表す「公平と平等」をあわせ弁護士としての姿勢や職務のあり方を示しているといわれています。

1　タイタニック号沈没……生き残るのは誰だ！

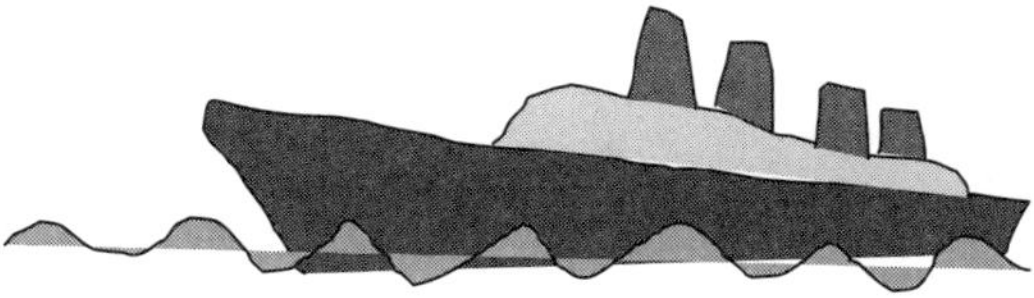

1　悲劇のタイタニック号

1912年4月14日の深夜、北大西洋上で氷山に接触した超豪華客船タイタニック号は、船底から浸水し、ついに力尽き翌未明に海の底へ飲み込まれていきました。

その際、一体、何人の人が破損した船体の板にしがみついていたのでしょうか。中には1人でつかまっているのがやっとの小さな板もあったはずです。

そんな小さな板につかまっているあなたがいて、すぐ隣で溺れかけている小学生くらいの子供が必死でその板をつかもうとしていました。あなたは、一度はその子を助けようとして、板につかまらせてあげました。

しかし、その子が板をつかむと、次第に2人とも沈んでいくことがはっきり分かりました。もう他につかむ板はありません……立ち泳ぎするにも寒さで身体も硬直し、体力も限界です……その子は他人の子です。

子供を殺してでも生き残るか

それとも自分が死ぬか

あなたなら、どうしますか?

2 カルネアデスの板

これは、古代ギリシャの「カルネアデス」という哲学者が弟子にした質問です。弟子は答えました。「自分は、板を放して溺れます」と……。カルネアデスは、弟子の答えを次のように評しました。

「その行いは正しいが、愚かである」

これをどのように考えるかは人それぞれだと思います。仮に、あなたが、板につかまる子供の手を力づくでほどき、その子を溺れさせて、自分は助かったとしましょう。いかにも冷酷非情な行為のようですが、これを責められる人はいるでしょうか。

法律の世界では、このような行為を「緊急避難」といいます。

似たような考え方に「正当防衛」という言葉があります。こちらは、突然、暴力をふるわれたりして命の危険を感じたとき、この事態に相手に応戦して怪我を負わせたりしても罪に問われないという考え方です。

緊急避難もこの正当防衛と同じような考え方によっていますが、一つ大きく違うところがあります。それは、正当防衛が、突然、暴力を振るわれるなどの不正な行為に対して応戦したりする場合をいうのですが、緊急避難は、不正な行為ではない、つまり正の行為、先ほどのカルネアデスの板の事例でいえば、あなたの命を脅かしていたのは不正な行為をはたらく犯罪者ではなく、自分も助かりたいと思って板につかまってきた何の罪もない子供なのです。こんな何の罪もない子供ですが、その子供を殺さないと自分が生き延びることができない、そんな状態で自分の命を守るための最後の手段が緊急避難です。

その子供の手を板から放すことは、人間としてはとても許し難く思われます。しかし、それができないために自分自身が喜んで死ぬということも、到底受け入れることができるものではありません。
さて、あなたなら、どうしますか？

2 民事の自白と刑事の自白は、こんなに違う

1 民事の自白と刑事の自白

「わっ……私がやりました！」

自分の犯した犯罪をかたくなに否認する犯人……何時間もの取調べの中で刑事が説得に説得を重ね、最後に、犯人が自白する……なんていう場面は、刑事もののドラマでよくありますね。

実は、民事事件にも「自白」というのがあります。しかし、刑事事件の自白と民事事件の自白は、事実を認めるという点では共通していますが、その性質や効果はまるで違います。

例えば、けん銃を使った殺人事件が起きた数日後、暴力団ひよこ組の組員Aが殺人に使ったけん銃を持って警察に自首してきたとします。Aは、自分が単独で敵対していた暴力団あひる組幹部組員を、けん銃を使って殺害したと自白しているとしましょう。

しかし、こういう自白が一番怪しいんです。敵対している暴力団幹部が相手なわけですから、組織的にやっている可能性が高い、つまり、ひよこ組の

組長や幹部などがAに指示してやらせている、あるいは、真犯人である他の幹部をかくまうためにAを出頭させているのかもしれません。

このように刑事事件の場合、自白そのものが意図的なウソである可能性や犯人による勘違いなど、事実と違うおそれを常に考えなければならないのです。ですから、刑事事件の自白については、他の証拠で裏付けられなければ、自白された事実は容易に認めることができないと考えられています。

ちなみに、検事は、事件について捜査を終えて被疑者を起訴するに当たり、このような起訴をしてよろしいでしょうかと上司に伺いを立てます（これを「決裁」といいます。決済ではありません。こちらの決済は、上司とその前の晩に飲んだ飲み代を精算する場合に使います。だいたいおごってくれますので、こちらの決済が必要になることはあまりありません。ただ、実際の決済はありませんが、決裁の際に、決済の素振りを見せないと、決裁のほうが厳しくなることがあるので注意が必要です。だいぶ話がそれましたので、本論に戻ります。）。

この決裁のとき、どのような証拠があるのかを上司に説明するわけですが、この説明で、殺人に使った包丁等の物証についての説明を後回しにして、犯人の自白があることやその内容を先に説明すると、「瞬間湯沸かし器」の別名で名高いある上司に、「バカヤロー！」と怒鳴られます。そして、実際に殴られるわけではありませんが、気迫でぶっ飛ばされます。

これほど、刑事事件の自白というのは、これに依存してはならず、慎重な検討が必要なのです。

一方、民事事件の自白の場合は、自白がある以上、その自白が真実と違うという証拠があっても、証拠によって自白の事実をゆがめてはならないというルールがあるのです。

例えば、甲野さんが、乙野さんに50万円のお金を貸しましたが、乙野さんが返済期限である1か月後に返済をしないので、甲野さんは、乙野さんへの貸金の返済を求めて、裁判所に訴えたとします。

そして、その訴えの請求額が50万円ではなく、「100万円貸したから100万円の返済を求める」というものだったとして、もし、第1回目の裁判で、乙野さんが、「甲野さんから100万円借りたのは間違いありません」と答えたとします。そうすると、本当は、乙野さんは、甲野さんから50万円しか借りていないのに、100万円借りたということになってしまい、これが正しいかどうか他の証拠で調べる必要もなくなりますし、仮に契約書に50万円と書いてあることが分かっても、乙野さんが100万円で自白している以上、契約書によって50万円と認めることはできないということになります（これは、理屈上の話で、実際には、裁判官が、甲野さんや乙野さんに、事実は50万円ではないかと尋ねて、金額を訂正させるなどしますが、それでも、当事者が100万円の認識で一致しているときは、それ以上、裁判官としては介入できないことになります。）。

2　なぜ、民事事件の自白と刑事事件の自白はこんなにも違うのか……？

その理由は、民事事件と刑事事件のそれぞれの裁判の目的が違うところにあります。刑事事件は、裁判の審理の中で真実を発見して、その真実に基づいて、犯人である被告人を処罰することが目的です。これに対し、民事事件は、人と人との間のトラブルを解決することが最も大切な目的なのです。ですから、すごく極端な言い方をすれば、トラブルが解決できるのであれば、真実は何でもよろしいということになるわけです（もちろん、法律違反の事実など認められない事実としても様々なものがありますので、刑事的な考え方と民事的な考え方を比べた場合のイメージと考えてください。）。

3　行方不明の人を訴える？

1　行方不明の人を訴える？

世の中には、悪い奴がいるもので……。

例えば、お年寄りを狙った投資詐欺。偽装の投資会社を作って、お年寄りの住む家に電話して、ウソの投資話をもちかけて、貴重な老後の蓄えをだまし取り、お年寄りが、だまされたと気づいたときには、偽装会社に電話しても、「この電話番号は現在使われておりません。番号をお確かめのうえ……」と流れる空しい音声案内のリフレイン……。警察の捜査で、犯人たちの一部が誰かは分かったものの、逃亡中で、国内のどこにいるか分からない……こんな時は、犯人たちが捕まらない限り、刑事裁判を起こすことはできません。

ところが、民事裁判では、氏名等によりその存在が確認できた犯人たちの一部については、行方不明でも裁判を起こすことができます。

少し難しい言葉になりますが、公示送達《こうじそうたつ》という方法です。普通の民事裁判では、「だました金返せ！」という訴えなどの場合、訴えのために作った訴状等の必要な書類を特別送達《とくべつそうたつ》という方法で、相手の住所宛に送ります。

特別送達は、特別な郵便の方法というような意味で、基本的には、郵便配達員が相手の自宅まで行って、裁判所からの郵便物をポンと郵便受けに投げ込むのではなく、書留郵便のように相手が本人であることを確認して受領印かサインをもらうなどして受け渡しをするようになっています。

この特別送達というのは、相手の住所が分かっているときにできるものであり、住所が分からないとどこに届けたらいいか分かりません。

そこで出てくるのが、先ほどお話しした公示送達です。公示というのは、読んで字のごとく、公に示すということですが、具体的なやり方としては、相手の住所が分からないので、相手に郵便で送るのに代えて、裁判所の敷地内にある掲示板に呼出状等を貼り付けて2週間経つと、相手がその掲示板を見に来ようが来まいが関係なく、相手に呼出状等の書類が届いたという扱いにしてしまうやり方です。皆さんもそうかもしれませんが、もしかしたら、自分が何かで訴えられているかもしれないから、ちょくちょく裁判所の掲示板を見に行って注意しておこうなんて人はまずいないですよね。公示送達による場合は、裁判で相手が出頭することはまずありません。

通常であると、そのまま、相手である被告は出頭することなく、裁判が進み、原告の主張が証拠で認められれば、原告勝訴の判決となるわけです。

2　公示送達による勝訴判決は、絵に描いたモチ？

原告勝訴の判決ですから、その判決を元にだまされたお金を回収することになるのですが、相手が行方不明なので、結局、取り戻すことはできません。

この公示送達という手続による裁判は、前の事例であげた詐欺の被害者が利用することは、普通考えられません。というのは、判決では勝訴できてもお金を回収できるわけでなく、かえって裁判の費用がかかってしまうだけだからです。

実際に利用されるのは、例えば、自分のおじいちゃんの時代に実家を抵当（担保）に入れておじいちゃんが借金をしたけれども、もうとっくに返していたのに家の抵当がそのままになっていたときなどです。おじいちゃんからお父さんに、お父さんから自分に実家の家が相続されたけれども、誰も使わないから、他に売ってしまおうと思ったら、他人の抵当に入っていたとなると、家が売れないんです。そこで、抵当の権利を持っている人のところに行って、その権利を消してもらうようにお願いするのが普通なんですが、なにしろ古い話で、その権利を持っている人も今はどこにいるか分からない、そうなってくると借金は払い終わっているのに、抵当だけ残っていては、いつまで経っても家を売ることができません。そこで、権利を持っている人が、どこにいるか分かりませんが、もし借金が残っていてももう時効ですよ、抵当を外させてもらいますよと訴状に書いて、裁判所に提出して公示送達をしてもらうわけです。それで一定期間裁判所の掲示板に呼出状等を掲示すると、その行方不明の抵当の権利を持った人に呼出状等が送り届けられたと法律上みなされます。そしてついには、裁判が始まり、相手となっている被告がいないまま、裁判で証拠調べが行われて原告の言い分が認められ抵当を外すことが認められる判決が言い渡されるわけです。この場合の判決は、先ほどお話した詐欺の犯人に対する被害金の要求と違って、とても意味のある判決になります。実家の抵当が外れれば家を売ることができるようになるからですね。

4　自分の物でも人の物？

1　売り主が自分に所有権を留めておくことができる

自動車の販売等で、買い主が自動車の売買代金を分割で支払うというローンの契約をすると、ローンの支払いが終わるまで、その自動車の所有者を売り主の名義のままにしておきますよという約束になることがよくあります。このような契約で購入した自動車の車検証を見ると、車検証の所有者欄には、自動車の販売会社やクレジット会社の名前が書いてあり、その下の使用者欄には、購入者本人の名前が書いてあります。こうして買い主が自動車を購入した後、売り主は、その自動車を現実に買い主に引き渡すのですが、その車の所有権を売り主又はクレジット会社にしておくことで、もしもローンの返済が滞ったときに、買い主から自動車を引き上げて、支払いがされなかったローンの残額分を回収しようとしているわけです。

これは、担保の一種で、売買した物の所有権を売り主に留めておくという意味で所有権留保《しょゆうけんりゅうほ》といいます。

2　所有権とは違う占有権

　車の所有権を留保して販売した販売店は、買い主の車をいつでも引き上げることができるでしょうか。それは、当たり前のことかもしれませんが、できません。ローンをちゃんと払っている間は、車を引き上げることはできないのです。そういう契約だからです。しかし、それだけではありません。仮に、買い主がローンの返済ができなくなったとしても、それは契約違反だというだけで、その時点でも、それだけでは、販売店は買い主の車を引き上げることはできないのです。もし、そんな勝手なことをすると、販売店は、ローンの未払い残額を回収する目的であったとしても自動車泥棒となり、逮捕されてもおかしくないことになります。それは、買い主には、ローンの支払いができているか否かにかかわらず、車に対する占有権という立派な権利があるからです。

　ここで少し、しっくりこない感じを受けている方もいらっしゃるかもしれません。販売店は、そもそも車の所有権を持っている、しかし買い主は車の占有権を持っている？所有権と占有権ってどういうこと？という感じでしょうか。

例えば、法学部生のA君が、所有している民法の本を、同じ学部の友人であるB君に1週間ほど貸したとします。

この場合、A君は、その本の本来の所有者で、B君はA君から借りているだけで所有権はありませんが、実際にその本を手元に持っています。その実際に本を持っている状態を法律的に保護するために考えられたのが所有権とは別の占有権なんです。C君が、B君がA君から借りている本を盗んだら、当然、窃盗になりますが、B君がA君からその本を借りている間に、A君がB君に断りなくその本を取り返したら、やはり窃盗ということになります。

車を所有権留保で売買した売り主と買い主の関係も全く同じことです。

これを法律の世界では「自力救済《じりききゅうさい》の禁止《きんし》」という言い方をします。これは読んで字のごとく、裁判所等の助けを借りることなく、自分の力、つまり実力行使で自分の権利を守ることを禁止するというものです。これは、そもそも、本来の権利を持っている人が、権利を持っているからといって、今目の前にある実際の状態を勝手に変更しては社会の秩序が保てなくなってしまうという考えによるものです。

3　結局、裁判を起こすしかない？

この自力救済の禁止の考え方により、販売店が車の所有権を持っていても、買い主は車の占有権を持っているので、そのままでは車を引き上げることはできません。

そうすると、結局、どうしたらいいのか、裁判を起こすしかありません。しかし、のんびり裁判をやっていたのでは時間がかかり、その間に車はどんどん古くなり価値も下がりますし、車ごと逃げられてしまうかもしれません。そこで、もっと素早く車を引き上げる方法で対応する必要があります。

それが、民事保全（仮処分）という手続です。裁判をやる前又は途中に、その裁判の結果をあらかじめ確保しておく必要があるときに行われる手続です。

例えば、お金を貸した人が借りた人から回収したいけれども、どうもお金がないらしい、借り主が持っているのは、自分所有の家くらい、この家だっていつ処分されるか分からない、というとき、その家を仮に差し押えておくのです。これを仮差押え（法律実務家の間では「仮差《かりさ》し」）といいます。そうすると、借り主は、自分の家でも勝手に処分できなくなります。その後、裁判をやって勝訴判決をもらったら、その借り主の家を差し押えて（仮差押えに対して、本番の差押えなので、法律実務家の間では「本差《ほんさ》し」といいます。）、強制競売の手続を経て、家が売れたその代金から配当を受けることで貸し主はお金を回収することができるようになるわけです。

ローンで購入した車の場合は、所有権が留保されているので、ローンの支払いが滞ったところで、所有者である販売店は、裁判で所有権に基づいて車を返せ、残ったローンも払えと訴える前に、仮の地位を定める仮処分、つまり、確定的に決まったわけではないけれども、一旦、販売店が所有者であり、これに基づき車を所有者に返せという手続をとります。そして、その裁判を起こして勝訴判決がでて、それ以上争われることなく確定すれば、販売店が所有者であり車の引渡しを受けたことが完全に認められることになります。

このように、民事保全の手続とは、裁判をやる前あるいはやっている途中でもいいのですが、権利を求めている者のその権利を裁判が終わるまでの間、どこかに行ってしまったり、なくなってしまったりしないように、確保しておく手続で、債務者である相手方の資力等に不安や問題がある場合に、しばしば利用されることがあります。

5　民事裁判の被告に黙秘権はない？

1　民事裁判の被告に黙秘権はない？

逮捕された被疑者が取調室で、刑事の質問に何も答えないでいると、「お前、黙秘権か！上等だな！」などと始まりますが、これは刑事事件ですよね。

黙秘権とは、簡単に言えば、無理に言いたくないことを言わなくてもいいという権利のことです。ただそれだけでは、あまり意味がなく、もっと言うと、何も言わなくても、そのことが理由で有罪になるなどの不利益を受けないという非常に大切な権利です。何の証拠もないだけで、事件について話ができないというのは怪しい、有罪だ！なんてことになったら、そもそも何もかかわっていないから事件について話ができないのに有罪ってことになって、誰でも彼でも犯人に仕立て上げられちゃいますよね。こんなむちゃくちゃな話はないわけです（もちろん、例えば、万引きしているところをガッチリ目撃されて、防犯カメラにも写っていて、被害にあった商品も持っていたというバリバリの証拠があるのに、万引き事件について黙秘して何も話をしないというのは、黙秘したこと自体で処罰されるわけではありませんが、黙秘したことを反省していない様子として厳しく処罰される理由の一つになることはあります。）。

　これはすべて刑事事件の場合です。

さて、それでは、民事事件ではどうでしょうか？

民事事件で訴えられた被告にとって、特に、黙秘権というのは法律上認められたものではありません。民事裁判の当事者尋問という手続の中で、被告が聞かれた質問に答えないことは権利という形で認められているわけではないのですが、権利でないから、答えなければならず、答えないと処罰されるというようなことはありません。裁判官が、答えないことそれ自体を、その他の証拠、被告の態度、その他の事情等から、どういう意味を持つか判断します。民事訴訟法では、答えることを拒んだような場合は、原告の言い分が真実であると認めることができるとさえ書いてあります。いずれにしましても、一般的には、きちんとした理由が認められないのに、質問に答えない、あるいは答えることができなかったことは、有利に理解されることはあまりないと考えられています。このように、民事の裁判では、被告に黙秘権が認められているわけではありませんが、特に答えを強要されるということではなく、答えなければ、答えないなりの評価をされて、それが最終的な裁判の結果に影響していくことがあるということになります。

2　刑事裁判の被告人は、自分の犯した事件について、法廷でウソを言っても罪にならないのに、民事裁判の被告は、ウソをつくと10万円以下の過料？

黙秘権が出てきましたので、それに関連して偽証の問題です。

裁判といえば偽証はつきものです。

法廷で、ウソをつかないと宣誓した証人が、わざとウソの証言をすると、偽証罪という罪で処罰されます。その刑罰は、けっこう重くて、3か月以上10年以下の懲役です。

ところが、刑事裁判の被告人は、自分の事件についてウソをついても、それを理由として処罰されるということはありません。例えば、実際には、自分が友達を仲間に誘って、一緒に空き巣に入った事件で、自分の罪を軽くするために、友達に誘われたなどとウソの供述をしたとしても、そのことで、偽証罪の罪に問われるということはありません。

それは、なぜでしょうか？

そもそも、人間というのは自分に不利になることは隠したくなるものです。ましてや、自分の犯した事件で罪に問われているわけですから、本当のことを話すことができなくても仕方ないわけですね。ですから、被告人自身が、自分の罪を軽くしようとして、又は免れようとしてウソを言っても、それは偽証罪ということにはならないのです。

被告人が、無罪だと言って争って、被告人の供述以外の証拠で有罪の判決を受け、結局、被告人が無罪だと言っていたことがウソだと分かっても、有罪になった罪の責任は問われますが、無罪だとウソを言っていたことは罪にはならないです。ただし、被告人のウソ以外の証拠から明らかに被告人が有罪だと分かるのにもかかわらず、不合理な弁解を繰り返して「ウソにウソを重ね」ているような場合は、事件を起こしたことについての反省の気持ちが足りないとして刑が少し重くなることはあり得ます。

他方で、民事裁判の被告は、ウソをつかないと宣誓したときに、ウソをつくと10万円以下の過料の制裁を受けることがあります（宣誓をした原告も同様です。）。過料は法律上の意味として厳密にいうと刑法や軽犯罪法等に定めのある罰金や科料とは違い刑罰ではありません。ですから、過料の制裁を受けたからといって前科になったりするようなものではありません。ただし、過料の制裁を受ける側にとってみれば、結果としてお金を徴収されるので刑罰である罰金や科料と同じものだと感じられることでしょう。

さきほどの黙秘権のところでもでてきましたが、民事裁判の被告は、陳述を拒絶したりすれば、原告の言い分が真実と認められるおそれがあり、そうかといってウソをつけば10万円以下の過料の制裁があり、結局、これらのお話しした観点からだけで見たとき、民事裁判の被告の方が、意外に刑事裁判の被告人よりも厳しい立場に立たされているようにも思われます。

民事責任は、刑事責任とちがって、懲役刑のような身体の自由を奪われることはないから、刑事責任よりも軽くみられがちで、少しくらい民事裁判の被告の立場が厳しくても、まあいいんじゃないのとのお考えもあるかもしれません。

ですが、ちょっと、以前あった某会社の冷凍食品に毒物を混入した事件を思い出してみてください。あれだけ世間を騒がせておいて、被告人は刑事裁判では、懲役3年6か月の実刑判決を受けたくらいでしたが、民事裁判では1億円の損害賠償責任を負わされました。普通は、個人がお金を借りすぎて返せなくなったら、自己破産の申立てをするとそれ以前の借金の返済は免除されることもありますが、この事件のように刑事事件となったような不法行為による損害賠償責任は、どんなに金額が大きくても自己破産で責任を免れることができません。ですから、生涯負い続けなければならない逃れられない莫大な借金ということになります。それを考えると、刑事責任と民事責任、どちらがどうかとはなかなか言い難いものがあるようにも思われます。それでもなお民事裁判の被告は特に黙秘権があるわけでなく、陳述を拒絶すれば、原告の言い分が正しいと認められることがあり、ウソをつけば制裁があるかもしれないのですから、やはりなかなか厳しい立場のような気がしますが、皆さんはどのようにお考えでしょうか。

6　伝聞証拠って何？

1　伝聞証拠って何？

伝言ゲームという遊びがありますが、あれは、何人か並んで、一つの伝達事項を人から人へと伝えていき、最後にその伝達事項を正しく再現できるかを楽しむ遊びですね。このゲームで、最初の伝達事項が、最後の人の答えで全く変わっていて大爆笑なんてことはよくあることです。

この伝言ゲームの例からも分かるように、それほど人間の伝え聞いたことはどこか変わってしまい、ちゃんとした事実が伝えられないおそれが高いということなんです。

なぜ、そんなことが起きるのでしょうか。それは、人間の伝え聞くという作業が、そもそも何かの出来事を見聞きして、その見聞きしたことを覚え、それを伝えるという段階を経なければならないところにあります。それぞれの段階で、見間違いや聞き間違い、記憶違い、言い間違いなどが起こる危険性があるからなんですね。このような性質をもつ証拠のことを刑事裁判では、伝え聞きの証拠という意味で伝聞証拠《でんぶんしょうこ》といい、原則としてそのままでは証拠とすることが認められません（このような考え方を伝聞証拠禁止《でんぶんしょうこきんし》の原則《げんそく》といいます。）。

この伝聞証拠というのは、具体的にどんなものがあるかといいますと、代表的なものが、刑事や検事が作った目撃者や被害者等の証人の調書です。これらの調書は、刑事や検事が証人から聞いて作ったという面もありますし、証人自身が見たり聞いたりしたことを刑事や検事に伝えたという面もあるからです。あと、調書でなく証人が直接法廷で証言したときでも、例えば、証人のWさんが、「私（W）はXが『私（X）がVさんを殺した』と言っていたのをハッキリ聞きました」と証言したときでも、その証言内容は伝聞になります。Wさんが、「XがVさんを殺した」と言っていたのをXから伝え聞いているからです。

なお、伝聞証拠だからといって、全ての証拠が、証拠として認められないというものではありません。検事側の証拠であれば、弁護人が証拠にすることは構いませんという意味で「同意」すれば問題なく証拠として認められます。他方で、弁護人が同意できません、つまり「不同意」といっても、例えば、検事が作った目撃者や被害者の証人の調書等の場合、例外的に証拠として認められることがあります。検事の作った調書が弁護人によって不同意とされると、その調書は使えなくなるので、調書の内容を供述した目撃者や被害者に法廷で証言してもらうことになります。ところが、事件を目撃した証人が、記憶が薄れてうまく証言できなかった、あるいは強姦の被害女性が証言している途中で被害に遭ったときのことを思い出して失神して倒れてしまい、それ以降証言が全くできなくなったなどということとなると、法廷での証言が役に立たなくなってしまうわけです。そのようなときは、伝聞証拠であっても同じ証人が供述した内容が記載されている検事調書が信用できることなどを条件として、裁判所に証拠として認めてもらえることがあるのです。

その場合でも、伝聞証拠が伝え聞きの性質を持っていることは何も変わりありませんから、本当に信用できるかどうか慎重に判断しなければなりません。

2　伝聞の伝聞はさらに複雑

既にお話ししたように、伝聞証拠は、それだけでも伝え聞きによるもので、誤りが入り込みやすく不確かさが否めない証拠ですが、これが、先ほどの例を基に、Aさんが、「私（A）はWさんから『私（W）は犯人のXから「私（X）が被害者のVさんを殺した」と聞いた』という話を聞きました」

などと供述したとなると、ますます複雑になります。

このAさんの供述は、そもそも犯人のXがVさんを殺したという自白をWさんがXから聞いて、そのWさんの話をAさんが聞いたというものです。

これは伝聞の伝聞（再伝聞）、つまり二段階の伝え聞きとなるので、それだけ誤りの入る危険性もさらに高くなります。ただ、このような証拠でも、その伝え聞きの段階ごとに法律が要求している要件を丁寧にクリアすれば、伝聞証拠の例外となり証拠として認めてもらえるための資格が与えられると考えられています（なお、刑事訴訟法という法律では1回の伝聞の定めしかなく、紹介した伝聞の伝聞の場合は解釈上認められるものです）。

この例では、Wさんからの又聞きの内容は、本来ならWさんが法廷で証言すべきものですので、Wさんが亡くなるなどして法廷で証言ができないためAさんの又聞きの話に頼らざるを得ないことや、Wさんが嘘をいうはずがなく信頼性が高いと認められることなどが、その要件となります。

さて、ちょっと複雑で難しかったですね。

本当は、このように少し複雑で難しいお話でも、文章力のある人が書くともっとスーッと染み込むように読んでいただけるのでしょうが、なかなか要領を得なくて申し訳ありません。

検事時代も、いつもこの調子で分かりにくい文章を作ってましたので、私の作った検事調書は、伝聞証拠というより、調書の中身の伝わり方が紛らわしい伝紛証拠（著者の造語です。）だったのかもしれません。

7　離婚するには？

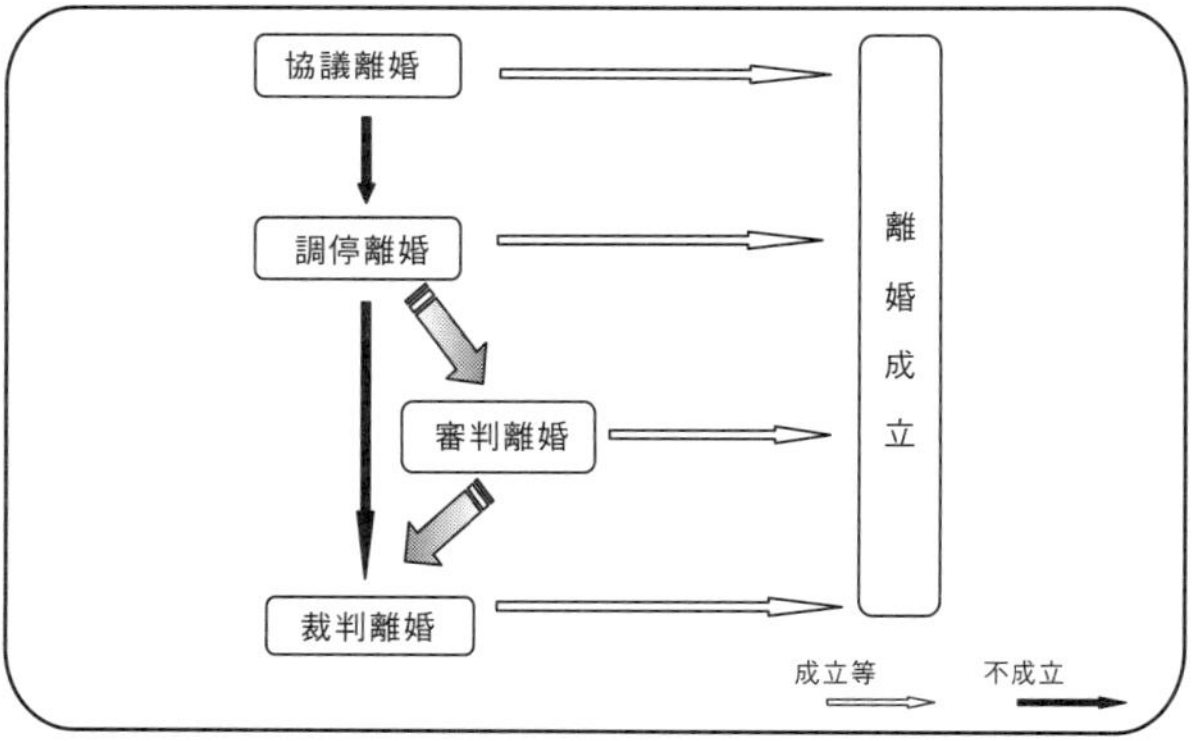

1　離婚までの手続の流れ

離婚、それは一生を共に歩んでいこうと誓った二人の間の悲しい別れ……しかし、どうしてもうまくいかない二人がいつまでも無理な婚姻生活を続けている方がよほど不幸ということもあります。そんなときは、お互いのこれからの幸せのためにもきちんと決着をつけた方がよい場合もあるでしょう。

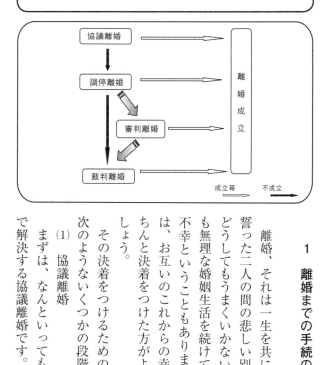

その決着をつけるための離婚の手続には次のようないくつかの段階があります。

(1)　協議離婚

まずは、なんといってもお互いの話合いで解決する協議離婚です。お互いに離婚の意思が明確で、離婚に伴う条件等についても、おおむね合意ができているようであれば、他の離婚手続に比べ、一般的に、時間も費用も労力もかからない点でメリットがあるといえます。ただし、法律の専門家によるチェックがない場合も多く、あとで合意内容について後悔してしまうことや、仮に合意内容を書面等にしていた場合でも、これからお話しする調停等の手続とは異なり、そのままでは、合意内容を実現するための強制力のある手続（強制執行）をとることができないなどのデメリットはあります。

⑵　調停離婚

協議離婚で話合いがつかない場合、家庭裁判所に離婚調停の申立てをするという方法があります。調停では、裁判官の他に民間の知識経験豊かな家事調停委員という人たちが夫と妻の双方の言い分をよく聞き、話を進めていきます。その調停の中で、時には夫婦関係の改善が図られ婚姻生活が維持できるようになる場合もありますし、調停が成立して離婚となれば、調停調書が作られます。この調停調書には、離婚することの他に、財産分与、養育費、子供との面会交流の条件等が記載され、もしもその約束が守られない場合には、その調停調書に基づいて強制執行をすることも可能になります。

なお、離婚の手続は、調停前置主義《ちょうていぜんちしゅぎ》といって、離婚訴訟をする前に原則として離婚調停の手続をしなければならないこととされています（最初から離婚訴訟を申し立てることが法律上、禁止されているわけではありませんが、付調停《ふちょうてい》といって、まずは調停をしてみましょうということになることが多いようです。）。

(3)　審判離婚

離婚調停で話合いがうまくいかない、あるいは相手が調停に出てこないので話が進まないといった場合で、裁判所が当事者双方の事情を考えて、このような結論が妥当ではないかと判断する場合があります。これを「調停に代わる審判」といいますが、この審判で離婚が認められても、相手がその審判書を受け取ってから2週間以内に異議の申立てをすれば、その審判の効力はなくなります。

(4)　裁判離婚

そしていよいよ離婚訴訟です。

これまでの調停等の手続とは異なり、公開の法廷で行われます。

離婚が認められるためには、配偶者の不貞行為、悪意の遺棄等民法に定められた一定の理由がなければなりません。これらの理由を裁判所に認めてもらうために、夫と妻は、原告、被告に分かれて法廷で対峙して、自分の言い分を主張したり、その主張に沿う証拠を提出するなどします。

そして控訴されることなく離婚認容判決が確定するか、又は和解で離婚が合意されたとすると、その時点で離婚の効果が生じ、役所に離婚の届出をすること自体は、離婚したことを報告するだけの意味を持つものにすぎないものとなります。

2　離婚までにかかる期間

さて、これらの手続の流れは分かったとして、仮に離婚調停から離婚訴訟の判決又は和解で終了し、離婚が正式に成立するまで、大体どのくらいの時間がかかるのでしょうか。まず、離婚調停ですが、おおむね6か月から1年くらいはかかるケースが多いようです。そしてさらに離婚調停が不成立となり、離婚訴訟となると、原告が、家庭裁判所に訴状を提出し、第1回口頭弁論の期日が指定され、その後、原告、被告のそれぞれの言い分（主張）、その主張を証明する証拠の提出、当事者尋問等を経て離婚で合意に至り和解成立又は判決言渡しとなるまでの平均審理期間は、約1年です。ですから、離婚調停前の「離婚したい」という思いから離婚についての話合いに仮に半年かかったとして、相手が離婚に納得せずに争い続けた場合、離婚のゴールまでは約2年かかるということになります。

こうして裁判が長期化する原因としては、例えば、夫の暴力や遺棄、妻の不倫等についての決定的な証拠がなかったりする場合や、離婚以外に、子供の親権や養育費、面会交流の条件、財産分与の額、慰謝料の額等の争点でもめることが多いからのようです。

なお、長期戦の場合で別居しているとなると、その間の生活費も何とかしなければなりません。自分よりも相手の方が収入が多いという場合には、婚姻費用分担といって夫婦が生活するうえで必要な費用を分担することを収入の多い相手に求める手続をとることができます（これを法律実務家の間では「婚費《こんぴ》」といっています。）。

いずれにしましても、どこかの段階で婚姻を継続するか、離婚するかの結論が出るわけですが、仮に離婚となった場合、協議離婚の場合であれば、届出をしたとき、調停離婚は調停成立日、審判離婚又は裁判離婚の場合は審判又は判決が確定した日が、それぞれ離婚の効力が生じた日となります。

異議あり！誘導尋問！

8　エスカレートして誘怒尋問へ……？

1　異議あり！誘導尋問《ゆうどうじんもん》です！

テレビや映画の法廷シーンで、弁護人が、検察官の証人への質問に対して、「異議あり！誘導尋問です！」などと手をあげながら突如として立ち上がり、検察官の質問に異議を入れる場面を時々見かけます。

これって、なんだか分かりますか？異議ありっていうのは、要するに「私は、あなたの今の質問を黙って見過ごすわけにはいかない！」ということを言っていることは大体分かりますね。それでは、次の、「誘導尋問《ゆうどうじんもん》です」という言葉ですけど、これはどうでしょうか？

誘導というのは、誘って導くってことですね。それで「尋問《じんもん》」というのは、質問のことです。

つまり、「私の質問したとおりに答えてね」と誘うような質問のことです。

なぜ、この質問は許されないのでしょうか？

事件を目撃した証人からは、証人の記憶に基づいて正確に証言してもらわないといけないのに、検察官が勝手に証人の答えを用意するような質問をしたら、証人は、検察官の質問に対し、思わず、「はいっ！」と答えてしまうかもしれません。本当は、はっきりと目撃しているわけでなく、「被告人と似たような人が現場にいた」という記憶だったのに、検察官が、「あなたが、犯行現場で見た人はこの被告人に間違いありませんね」と証人に質問したような場面を考えてもらえれば分かりますよね。

このように、証人の証言を歪《ゆが》めないようにするためにも、特別な理由がない限り、誘導尋問は許されないとされています。それで、そのような不当な誘導尋問に対しては、「異議あり！」と言って立ち上がり、裁判官に尋問を止めてもらうようにすることができるルールとなっているのです。

そして、裁判官が、弁護人の異議に対して、検察官に意見を聞いたうえで、やはり弁護人の言うとおりだと判断した場合は、「弁護人の異議を認めます。検察官、尋問の仕方を変えてください」などと言うわけです。

そうすると、検察官は、例えば先ほどの、「あなたが、犯行現場で見た人はこの被告人に間違いありませんね」という質問を、「あなたが、犯行現場で見た人はどんな人でしたか」などと変えます。最初の検察官の質問は、証人が見た人が被告人であることを決めつけて証人にその答えを押し付けていた、つまり、誘導していたわけですが、裁判官から質問を変えるように言われて変更した質問は、証人が見た人がどんな人だったかと尋ねているので、証人に質問の答えを押し付けていない、つまり誘導していないことが分かりますね。後者の質問が誘導でない尋問となります。

ちなみに、この誘導尋問が異議の理由になっている点については、刑事裁判も民事裁判も共通しています。

2 尋問がエスカレートして誘怒尋問へ……

こうして、異議あり！誘導尋問です！いや、異議は認められない！などと異議の応酬が始まると、尋問している当事者同士も段々エスカレートしてきます。そして、いつの間にか、お互いの尋問が誘導尋問ではなく、誘怒尋問になってしまうことがあります（この誘怒尋問は、法律用語ではなく、相手の怒りを誘発するという意味で私が作った造語です。）。こういうときに、双方をクールダウンさせて交通整理をするのが裁判官の役割なわけです。

この誘怒尋問の中には、単にエスカレートしたというものだけではなく、証人が興奮しやすくて観察眼に問題がある性格を印象付けるためであったり、あるいは証人を混乱又は翻弄《ほんろう》させて証言を矛盾させたりするために、わざと意図的な尋問戦略としてなされる場合もあります。いずれの場合も、異議を出す当事者も、それに応える相手側も、判断をする裁判官も、その場で即断即決をしなければならないものですから、かなりの集中と緊張が強いられます。

なお、正義感の非常に強い検察官の中には、被告人に対する自分自身が発する質問自体で自らのテンションがどんどん上がっていくセルフ誘怒尋問をする方を時々見受けます。たいていの場合、自らの犯罪行為を認めている被告人に、法廷の場でしっかりと反省してもらいたいという考えだと思われますので、そのような意味では、判決後に裁判官が被告人に対して行う**訓戒**《くんかい》（注）より若干厳しいくらいでもいいのかなと思うこともあります。しかし、程度問題ですので、ちょっとハッスル気味の場合は、「検察官、その程度でよろしいでしょうか」と尋ねるようにしています。それでも、「あと少し……」と食い下がる検察官もいますが、大体は、そのあたりで矛を納めていただけるようです。

（注）ここでいう訓戒とは、裁判官が判決言渡しの後に、被告人に対し犯した罪の重さを教えさとし、いましめることをいいます。

サード・ステージ

剣《つるぎ》

ドイツの法学者、ルドルフ・フォン・イェーリングは著書「権利のための闘争」で、「剣《つるぎ》なき秤《はかり》は法の無力、秤なき剣は裸の暴力」と言っています。

さて、秤は公平と平等を保つことができればよろしいですが、剣はどんなものでなければならないでしょうか。

仏教の世界では「破邪顕正《はじゃけんしょう》」という言葉があります。これは、読んで字のごとく、邪悪を打破し、正義を顕《あらわ》すという意味ですが、法の実現にとって必要な剣は、まさに「破邪顕正の剣」と言えるでしょう。

1　密室の殺人じゃなくて、未必の殺意

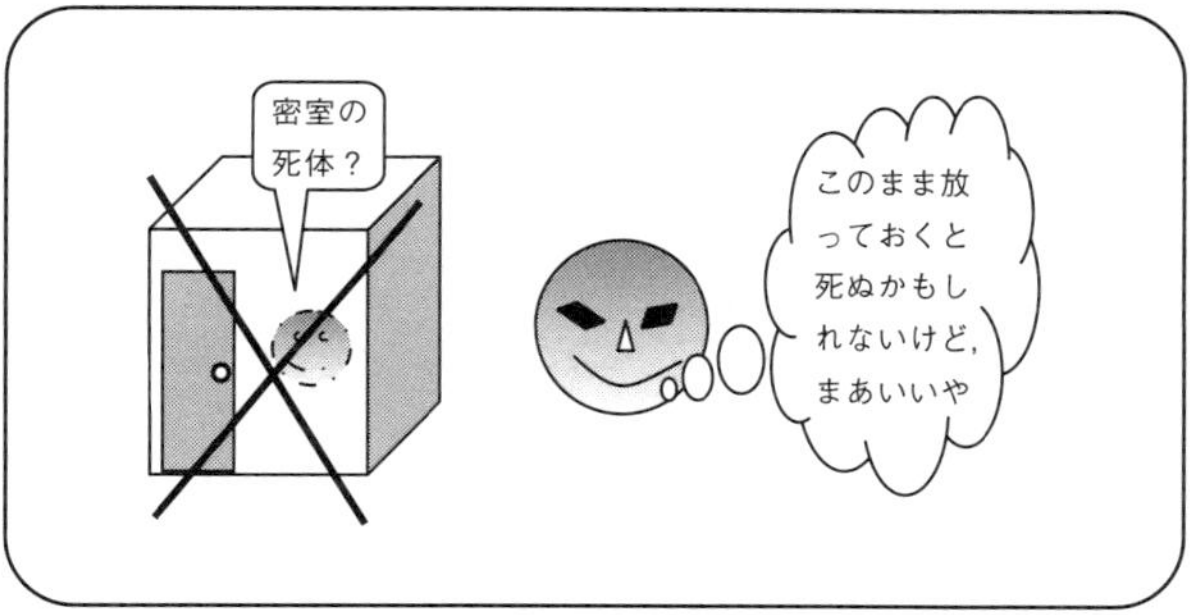

密室の殺人ならぬ「未必《みひつ》の殺意」を推理する

推理小説等で密室《みっしつ》の殺人というのはよくあるパターンですが、それと聞き間違えそうな「未必《みひつ》の殺意」って何でしょうか？

未必の殺意というのは、人を殺そうとする故意の一種です。

犯罪が成立するためには、原則として、犯人が自分の考えている犯罪をわざとやるつもり、つまり故意がなければいけません。電車の中で、女性のお尻を触りたいと思って触れば痴漢になりますが、間違ってお尻に手がぶつかっても痴漢にはなりません。ただし、間違ってやったことでも法律で過失を処罰すると定められているものは、その過失責任で処罰されることがあります。

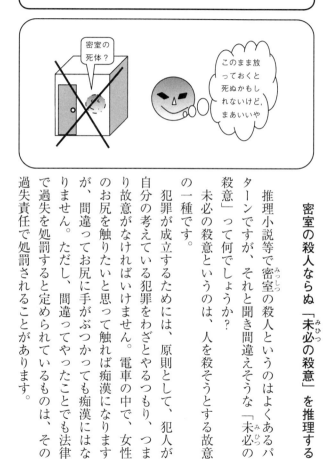

では、故意がある場合というのは、どういう場合をいうのでしょうか。**密室の殺人ならぬ「未必の殺意」の推理の時間**です。
例えば、拳銃で人を撃つ場合について事例ごとに考えてみましょう。

事例1

AがBを殺したいと思いBを狙って拳銃を発砲して、Bが死にました。
この場合、殺人罪が成立します。

事例2

AがBに弾が当たって死ぬかもしれないが、それでもかまわないと思ってBの隣の切り株を狙って拳銃を発砲して、結局、Bに当たってBが死にました。
この場合も殺人罪が成立します。この殺人罪が、この後説明する「未必の殺意」によるものです。

事例3

AがBに弾が当たって死ぬかもしれないが、自分は射撃がうまいのでBに当たることはないと思ってBの隣の切り株を狙って拳銃を発砲して、結局、Bに当たってBが死にました。

この場合は殺人罪ではなく過失致死罪（他に重過失致死罪や業務上過失致死罪等の成立が考えられますが話を単純化するため過失致死罪のみとします。この後の事例4も同じです。）が成立します。

事例4

AはBが草むらに隠れているのを不注意のため気づかないまま、Bの隣の切り株を狙って拳銃を発砲したら、その弾がBに当たりBが死にました。

この場合も過失致死罪となります。

さて、以上の4つの事例、微妙に少しずつ違いましたが、結局、犯罪を実行する人の心の中を分析して、それぞれの心の要素を取り出して、要素ごとに当てはめて考えていることが分かります。

つまり、犯罪を犯す人は、自分がどのような犯罪事実を犯そうとしているのかについて認識があるのかないのか（犯罪事実の認識）、認識があるとして、その犯罪の結果が発生して欲しいと思っているのかいないのか（犯罪事実の認容）、この2つの要素で故意か過失か、故意の中でもどんな故意か、過失の中でもどんな過失かが決まることになります。

結局、犯罪の故意があると認められるのは、前記の事例でいくと事例1と2です。その違いというのは、つまり、犯罪の結果に対する意欲の強さの違いということになります。

事例1は、確定的故意といいまして、犯罪の結果であるBの死亡を必ず成し遂げたいと思っていますが、事例2は、Bが死ぬかもしれないけど、それでもかまわないくらいの気持ちです。このような気持ちがまさに「未必の殺意」です。一段階犯罪事実の認容のレベルが下がると「認識ある過失」となり、全く悪質性が変わります。

さらに過失というのは、そういう犯罪結果が発生することについて認識があるが間違えて犯罪結果が発生した場合と、そういう犯罪事実の認識が不注意のため全くない場合に分けられます。

先ほどの事例1～4を次ページに表にまとめてみました。

こうして表にしてみると、未必の故意（一般的に犯罪を犯そうとする意思が故意で、人を殺そうとする故意が殺意です。）がどういうもので、故意と過失との間で、どのような位置づけにあるかよく分かっていただけると思います。

これを読まれたみなさんは、故意・過失について理解の浅い法学部生より、よほどよく分かっていらっしゃるといえます。

事例	犯罪事実の認識	犯罪事実の認容	故意・過失の区別
1	拳銃でＢを撃つ事実の認識有り	Ｂを殺したいと思う気持ち有り	確定的故意
2	拳銃の弾がＢに当たる可能性の認識有り	Ｂを殺したいとまでは思っていないが、弾が当たって死んでもかまわないという気持ち有り	未必の殺意
3	拳銃の弾がＢに当たる可能性の認識有り	Ｂには当たらないと思っている	認識ある過失
4	不注意のため拳銃の弾がＢに当たる可能性の認識が無い	認容なし（犯罪事実の認識がないのでＢについて何か意欲すること自体あり得ない）	本来の過失

2　事実を証明するのは誰の責任か

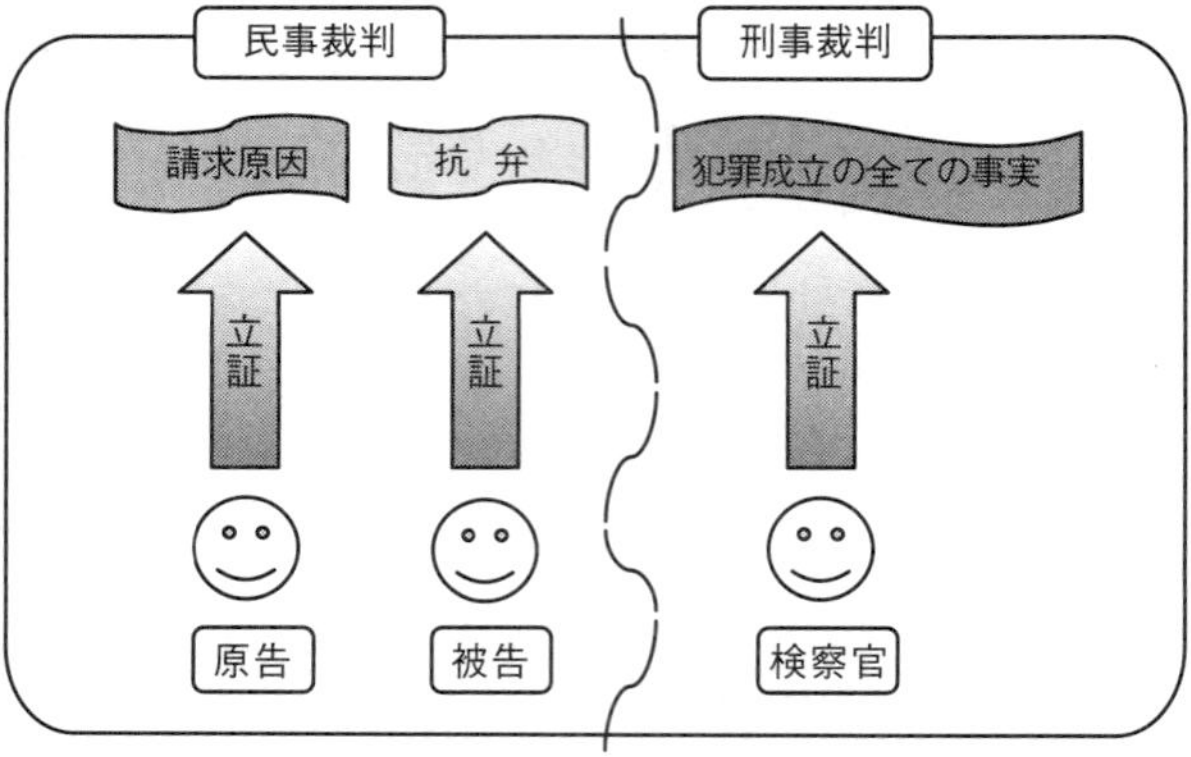

事実を証明するのは誰の責任か

当然といえば当然ですが、裁判では事実の証明に成功した者が勝つわけです。それでは証明ができないときは、誰が負けるのでしょうか？

刑事裁判を考えてみましょう。A君とB子さんが長く交際していましたが、そのうち、A君が浮気をしていることがB子さんに分かってしまいました。B子さんは、A君を追及しますが、A君は浮気を認めません。B子さんはどうしても許せなくなり、ある日、A君がいつも飲んでいるジュースの中に毒を混ぜ、A君はそのジュースを飲んで死んでしまいました。

こうして、B子さんは、A君を毒殺した殺人事件で起訴されたのですが、B子さんは、A君の飲んだジュースに毒を入れたことはないと言って事実を否認して無罪を主張しています。

どうやらB子さんは、A君のジュースに毒を入れたと疑われている期間、A君と喧嘩してA君の家にずっと行っていなかったどころか、A君の家に近づいたこともないという主張をしています。

検察官の証拠によれば、B子さんが毒を入れたという決定的な証拠はありません。

こんな状況の中で、B子さんは自分がA君の家に行っていなかったことについてちゃんと証明できなければならないでしょうか？そんなことはありません。B子さんは、ジュースに毒を入れる機会があったのではないかという疑いがあるだけでは有罪にはならないのです。つまり犯人ではないというはっきりした証明ではなく、犯人ではないかもしれないという疑いがあれば無罪になります。これは裏を返せば、B子さんが犯人である事実の証明については検察官が全責任を負っているということです。

この事実を証明する責任を立証責任（刑事裁判では厳密には、「挙証責任」といいますが、ここでは民事裁判との比較のために用語を「立証責任」で統一します。）といいま

犯罪構成要件該当事実（法律に定められた行為や結果の事実）

＋

違法性阻却事由の不存在（正当防衛の主張などがあったときにその事実がないこと）

＋

責任阻却事由の不存在（精神障害の主張などがあったときにその事実がないこと）

⇩

犯罪成立　有罪

す。この検察官の立証責任というのはとても重いものです。

犯罪が成立して有罪と認められるためには、検察官において、上記のイラストにあるような事実を全て証明する必要があります。特に、違法性阻却事由《いほうせいそきゃくじゆう》の不存在、つまりその犯罪が違法にはならない事実が存在しないこと、あるいは責任阻却事由《せきにんそきゃくじゆう》の不存在、つまり犯人に責任能力が認められないという事実が存在しないことも全て検察官が証明しなければならないのです。

一般にないことの証明というのは、悪魔の証明といわれていますが、これは、実は非常に難しいのです。例をあげてみましょう。「A市には犬がいる」というのは1匹犬を捕まえてくればそれですぐに証明できますが、「A市に犬はいない」というのは、A市内を全て調べ尽くさなければなりません。その大変さの違いは明白です。

刑事裁判では、このように検察官が全ての立証責任を負っています。これは裏を返せば、被告人には無罪の推定が働いているということにつながります。

ところが、民事裁判では、立証責任は原告から被告、被告から原告へとコロコロ変わります。

原告が裁判所に提出する訴状には、誰に何を訴えるのかという「請求の趣旨《せいきゅうのしゅし》」が書かれています。この請求の趣旨には

「BはAに1000万円を払えとの判決を求める」

などと書いてあります。つまり、原告は被告に何をしてもらいたいのかということです。そして、その後に「請求の原因《せいきゅうのげんいん》」が書かれていますが、この請求の原因こそが、なぜ、AがBに1000万円を払えというのか、その理由が書いてあるのです。

例えば、請求原因として「AはBに自分の所有する家を1000万円で売る契約をした。だからBはAに1000万円払え」と書いてあります。

原告のAが証明する事実は、この請求原因に書いてある事実だけでいいんです。要するに「AとBがAの家を1000万円で売る契約をした」という事実だけです。それ以外

に、1000万円の支払いを受けていないという事実は主張する必要も証明する必要もないのです。逆にBが1000万円支払った事実を「抗弁《こうべん》」といって、被告であるBが自分の言い分（主張）として述べて、その事実を立証しないといけないんです。

この事実で、Aが請求原因の事実について、AとBとの間でホントにそんな契約があったのかどうか疑いがある、あったかもしれないけど、なかったかもしれないというくらいしか証明できなかったとするとAはその事実の立証に失敗したということになり、Aは敗訴してしまいます。ところが、Aは請求原因の事実を立派に証明したとします。そうすると、Bとしては、例えば、確かに契約は成立したし、家の引き渡しも受けたけれども、1000万円は既にAに支払ったと主張した場合は、それを立証するのはBの責任となります。そして、Bが証拠を出して証明しようとしたけれども、裁判所の判断としては、どうもBが支払ったようにも思われるが、支払っていない疑いもあるということになると、1000万円の支払いについて疑いが残って、立証できなかったということになり、Bが敗訴するということになるわけです。このように民事裁判では、それぞれが主張した事実を自分の責任で立証していき、その立証に成功した者は少なくとも自分に有利な事実の存在を認めてもらえるようになります。それに対して、さらに反論する側としては反論した事実を立証していくという感じで立証責任が原告から被告へ、被告から原告へとコロコロ変わります。

他方で刑事裁判では、原則として、立証責任が被告人に負わされるということはなく、存在しないという事実まで含めて犯罪が成立するための全ての事実について、その立証責任を検察官が負わなければいけないということになっており、大変厳しく重いものになっています。

刑事裁判では、被告人を有罪にするか無罪にするかというとても重大な判断をしなければならないのですから当然といえば、当然のことといえるでしょう。

3　時効が無効？

1　時効が無効？

貸したお金は、10年間、相手に何も請求せずに放っておくと、時効が成立して貸した金返せと請求する権利自体がなくなってしまう可能性があります。（なお、後で出てくる貸金業者からの借入れは、5年で時効です。）

お金を貸している人は気をつけた方がいいですね。

ところで、KさんがSさんに100万円貸して、返済日から11年後に初めて、Kさんが、Sさんに、「昔、貸した100万円返して」と言ってきました。

それで、Sさんは、慌ててしまい、「今、手元に金がないから1万円だけでとりあえず許してくれ。あとは金ができたら分割で払うよ」と言い、Kさんに1万円を渡し、KさんはSさんに領収書を渡しました。

さて、時効期間の10年以上が経っているわけですが、残りの99万円はどうなるでしょうか？

正解は、Sさんは、残りの99万円について、もはや時効の主張はできないということになります。

というのも、時効というのは、定められた期間が経過したというだけでなく、時効を主張する人が、「あなたから借りたお金は時効だから、もう払いませんよ」という意思を相手に伝えないと効果が発生しないという決まりになっているからです。

それと、Sさんは、Kさんに時効だから払いませんと言う前に、1万円払ってますよね。借金についてのお金を1円でも返済したら、それ以降は、一旦成立した時効は御破算になり、新たな時効が一からスタートします。

そりゃそうですね。Kさんにとってみれば、SさんはKさんが貸したお金を返してくれるものと期待しますしね。

こういうとき、貸した側のKさんとしては、下手に、Sさんを責めて、こんな長い期間、借りっぱなしにしてなどと言って請求しないことです。このようなやりとりの中で、Sさんがぼんやりとして、「あれっ？時効かな」とか、「こんな長い間、返せって言わなかったんだからもう払わない！」な〜んて言ったら、これは時効の主張ととらえられることもあるわけですね。

ですから、Kさんとして、Sさんが1円でも返済してくれるように、うまく話を持っていくことがポイントになります。

Sさんからすれば、Kさんが、「いくらでもいいから払ってよ」って言っても安易に応じないことです。「1000円でもいいから」なんて言われると、まぁ1000円くらいならいいかと思っちゃいますよね。それが落とし穴なわけです。つまり、ごく少額でも借金の一部を払ったら、自分の借金を認めたことになり、そのとき完成していた時効については主張できなくなってしまうということなのです。

2　正義が勝つとは限らない？立証責任のお話……

ある悪徳貸金業者の話です。

貸金業者がお金を貸します。貸したお金はとっくに返してもらい、終わっていたはずでした。お金を借りた人は返済したとき、貸金業者から領収書をもらいました。

ところが、その悪徳貸金業者は、返済後、何年もしてから、時効ぎりぎりになって、裁判で貸した金返せ！と訴えてくるんです。

その業者の手口はいつもそうでした。

一般の人で、貸金業者から借りたお金の返済の領収書を何年もずっととっておく人はあまりいないのではないですか?

その業者はそれをねらっているのです。つまり、借りた人は、返済を証明するための領収書がない、一方で、貸金業者の手元にはお金を貸したという契約書が残っていて、時効にはぎりぎりかかっていない、そうすると、結局、返済を証明できないので、借りた人がまた二重に返済するということになるのです。

このような事件では、貸金業者は契約書でお金を貸した証明には一応成功しますが、借りた人は返済の証明ができないので、このままでは裁判に負けてしまいます。貸金業者は実際にはすでに返済を受けているので、請求金額より低くても比較的簡単に和解に応じます。結局借りたほうも裁判で負けて全部払うよりましと考え、泣きの涙で和解せざるを得ないこともあります。このような立証責任を逆手にとった理不尽がいつもまかり通るわけではありませんし、これは訴訟詐欺という犯罪ともなり得る悪質な訴訟提起ですが、一旦発生すると覆すのはなかなか困難です。

3　民事事件の時効と刑事事件の時効

時効……この漢字をじっくり見て下さい……時間の効力……ということですよね。長い時間が経てば、人は事件を忘れます。事件によって傷ついた人も時間が癒してくれることもあるでしょう。それに、いつまでも過去を引きずっていては、前に進むこともできません。だから事件から長い時間が経ったら、民事事件にしても刑事事件にしても、それをもはや裁判で問題にしないことにする……これが時効です。

4　時効についても民事と刑事では大きく異なる

民事事件では、時効を利用する意思を示さないと時効にはならないということです。どういうことかというと……例えば、貸した金１００万円返せと訴えられたとします。これに対して訴えられた被告が、「確かに、原告から１００万円借りました。でも借りたのは

10年以上前の昔のことなので時効です」と裁判所の法廷で述べたとします。民事事件では、これではじめて時効になるのです。

これに対して刑事事件ですが、例えば、罰金の罪しかない事件については、時効は3年なんですが、検察官が訴えたのが事件発生から3年半後だったとすると、民事事件と異なり、わざわざ被告人が、「3年以上経ってるから時効だよ」と言わなくても時効完成が認められ裁判が続けられなくなり、被告人は有罪を免れます。これを、少し難しい言葉で免《めん》訴《そ》といいます。

民事事件では、被告が、「時効だよ」と言わないと時効は認められない、刑事事件は、被告人が、「時効だよ」と言わなくても時効は時効ということなんですね。

これも、結局は、民事裁判が個人間のトラブルを解決することを主な目的としており、刑事裁判は、事件の解明や犯人への責任追及など個人の問題を超えた課題を対象としているという違いからくるものなのです。

そりゃそうですよね。借りてたお金が時効だからっていっても、借り主の中には時効だっていうのを潔《いさぎよ》しとせず返したいと思う人もいるかもしれませんし、それをわざわざ時効だよって裁判官が言ってあげるのも余計なお世話というものです。これに対し刑事事件では、同じ犯罪を犯していて、同じ時間が経過していながら、本人の意思一つで、甲さんは時効で罪に問えず、乙さんは罪に問えるというのはやっぱりおかしいですよね。罪を犯した者についてその罪を問えるのか問えないのかという基準は誰に対しても明確で一律のものでないといけません。

ちなみに、よくある刑事ドラマで、時効完成のわずか数分前に、迷宮入りになっていた犯人を逮捕して、何年もの間、犯人を追いつめてきた執念の刑事たちが抱き合って喜ぶシーンがありますが、実は、それではもう間に合わないのです。

刑事たちが犯人を追いつめて逮捕しても、時効完成までの間に、送検《そうけん》といって、検察庁に事件の記録とともに犯人の身柄を送って、それから検事による起訴がされなければならないのです。

時効完成の数分前に逮捕できたとしても、それでは、結局、起訴までする手続的な時間が全く足りず、せっかく逮捕した犯人を釈放するしかないということになります。

4　似てるけど違う主張と立証

1　主張は、証拠によって証明する目標となる言い分

例えば、Aが、Bの持っている某町1丁目の土地（以下「甲土地」といいます。）を1000万円で買う約束をしたとします。BはAが先に1000万円を払ってくれたら甲土地をAに明け渡すというので、そういう条件でお互いに合意しAとBは売買契約を交わしました。

そして、AがBに1000万円を払って、Bからその領収書をもらいました。

ところが、いつまでたってもBは甲土地をAに明け渡してくれません。

そこで、AはBを相手取って、甲土地を明け渡せ！との訴えを裁判所に起こしました。

原告Aの訴状には「平成27年4月1日、AはBに代金1000万円を先払いで払ってBが甲土地をAに売り渡す契約を結び、Aは1000万円を先に払ったが、BはAに甲土地を明け渡さないので、甲土地を明け渡せ」という感じで記載されています。

この訴状に記載されているAが求める訴えの内容がAの主張、つまりAのBに対する言い分ということになります。これはAのBに対する単なる主張（言い分）であって、これだけではAが勝手なことを言っているだけかもしれませんので、真実かどうか分かりません。そこで、この主張を証明するために、AはBとの間で交わした売買契約書や領収書を証拠として裁判所に提出するわけです。

2　Aが当事者尋問で話した内容は主張でなく証拠

さて、ここから少し難しくなりますが、ちょっとお付き合いください。

先ほどの原告Aの被告Bに対する訴えで、Aの言い分は分かりました。そしてそれを証明するために、AはBとの間で交わした売買契約書やAがBに1000万円を支払った際にBから受け取った領収書を裁判所に提出したのです。

ところが、その売買契約書には、BがAに売り渡す土地について、甲土地ではなく、某町2丁目の土地（以下「乙土地」といいます。）と書いてあったのです。そして、領収書の方には「甲土地の代金としてAから1000万円をBが受け取った」という記載があります。

Bとしては、最初からAに乙土地を売るつもりであったので売買契約書には乙土地と書いてあるし、領収書の「甲土地の代金として」の部分は文字が書き加えられていて捨て印以外の訂正印もないので勝手にAが書き加えたものだとして、甲土地の明け渡しを拒否しています。

こうしたことから、売買契約書等の証拠だけではAがBから甲土地を買い取ったことは証明できなくなりました。そこで、Aの当事者尋問ということになるわけです。当事者尋問というのは、読んで字のごとくですが、事件の目撃者等である証人を尋問する証人尋問と同じような手続です。ただ、その尋問を受ける人が原告や被告といった裁判の当事者なのか、それともそれ以外の第三者である証人かの違いです。そして、いよいよ、原告の当事者尋問が始まり、原告は、訴状に書いた自分の主張である言い分とほぼ同じ内容で、自分の記憶に基づいて、原告に付いてくれている弁護士である原告代理人や被告代理人、裁判官のそれぞれの尋問に答えました。その尋問の答えは、結局、原告本人の主張の繰り返しでしかないわけです。しかし、訴状に書いてある原告の言い分は主張であり、当事者尋問で原告が答えた内容は証拠ということになり、法律上の扱いは全く違うものなのです。いわば、主張は、証拠によって証明しようとするターゲットです。そしてターゲット目掛けてそのターゲットの中身が真実であると証明するのが証拠ということになります。

ですから、同じように見える原告の言い分でも、訴状に書いてあることは原告が証明したい事実としての主張、当事者尋問で原告が答えた内容は、その事実を証明する証拠になるということです。

裁判官は、まず原告の主張を見て、原告は何を言いたいのかなと考え、原告の当事者尋問の答えを聞いて、原告の主張は真実と合っているのかなと考えるわけです。

なお、当事者尋問の手続をとってわざわざ法廷で実際に原告や被告の話を聞くのではなく、当事者尋問の代わりに原告や被告の話を陳述書という書面に書いて、その書面を裁判所に証拠として提出する方法もあります。そうすると、原告の主張が書いてある訴状や被告の主張が書いてある答弁書もいずれも書面であり、全部書面に同じ当事者が同じ内容を繰り返し記載しているように見えるので、ますますもって違いが分かりづらくなります。

しかし、あくまで、訴状や答弁書は、当事者の言い分が書かれた主張の書面、原告や被告の陳述書は、その言い分が正しいかどうかを判断するための証拠の書面という区分けになります。

5　二人の共犯者どちらがおトク？

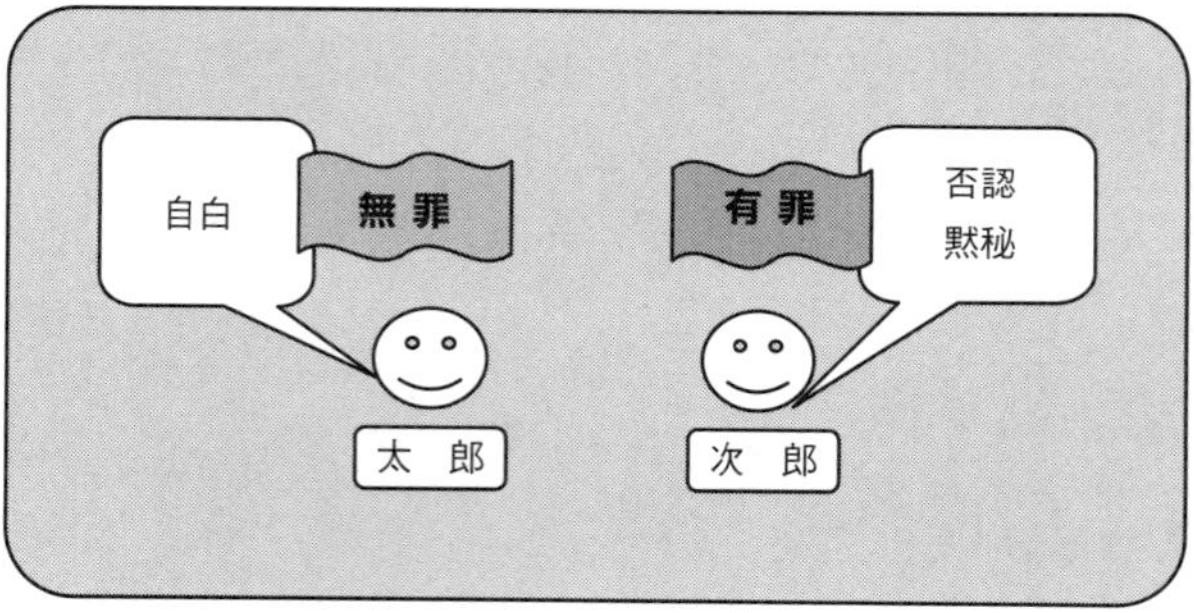

二人の共犯者　自白と否認どちらがおトク？

これからお話しする事件は、二人の共犯者のうち、自白している者と否認している者の供述だけで、他の証拠は全くないという実際にはあり得ない設定です。頭の体操だと思って割り切ってくださいね。なんだよこれ、こんな事件あるわけないだろなんて意地悪を言わないよーに。それでは、スタート！

太郎は、次郎を誘って、自分が従業員として勤務していた運送会社に窃盗に入る相談をしました。

太郎は、経理を担当する従業員だったので、運送会社の事務所の中の様子や現金が入っている金庫を解錠するための番号を知っており、それを次郎に教えました。

そして、次郎は、深夜に運送会社に忍び込み、金庫から500万円の現金を盗みました。

その日のうちに、次郎は、太郎の自宅に盗んだ現金を持って行き、太郎が300万円、次郎が200万円と分けあいました。

その後、決定的な証拠はありませんでしたが、警察は従業員の太郎が怪しいと考え、太郎を任意で呼び出し、取り調べたところ、太郎は自白しました。

太郎の自白で、次郎が共犯者であることが分かりました。

そして、次郎も捕まりましたが、次郎は、裁判で、ずっと、「オレは何も知らない！」と言って否認し続けました。

一方、太郎は、「次郎に誘われて、次郎から、私の勤めている運送会社にドロボウに入るから、金庫の番号や事務所の中の様子を教えてほしいと言われました。次郎が盗んだお金はいくらか分かりませんが、報酬として10万円もらえるというので、次郎の誘いにのって教えてあげたのです」と供述していました。

これを聞いた次郎は、内心、「太郎がオレを誘ったんだろ！ウソばっかり言いやがって！もう何も話すものか！」と頭にきて、否認した後は事件について何も話をしなくなりました。

他に何も証拠はないとして、さて、二人の裁判の結果は、果たしてどうなるでしょうか？

実は、この場合ですと
太郎は「無罪」

次郎は「有罪」

になります。

どーして？って
これはですねー……刑事の裁判では、被告人の自白だけでは被告人を有罪にできないというルールがあるからなんですね。

太郎の場合は、事件のかかわり方について、多少ウソをついているところはありますが、太郎自身が共犯者であること、つまり真犯人のうちの1人だということを認めていますよね。でも、有罪にできる証拠は太郎自身の自白しかない。だから、太郎は無罪になるんですね。

このように犯人自身の自白には、それを裏付ける証拠がなければ、その自白した犯人を有罪にできないというルールを、自白《じはく》の補強法則《ほきょうほうそく》といいます。

なんでこんなルールがあるかというと、例えば、刑事が脅かしてウソの自白をさせたなんてこともあるかもしれませんし、自白した人が誰かをかばってウソをついているかもしれないので、ウソじゃないという保障をするための証拠が必要ということになっているんです。

さて、次郎の場合はどうでしょうか?共犯者である太郎の自白という証拠がありますが、これは次郎自身の自白ではないので、有罪にするための証拠としては、他に裏付けの証拠は必要ないんですね。

冒頭でも言いましたが、現実には、太郎について補強証拠がないということは、まず考えられません。ですから、こんな変な結論がでることは通常あり得ません。しかし、自白の補強法則の考え方を感じとってもらうために空想の事例を作ってみました。大学の講義等でも法学部生に理解してもらうために、こういうやり方で授業を進めることがありますが、そのときに使う今回のような設例を「教室設例」などといいます。

6　世界に一つだけの宝物

1　世界に一つだけの宝物は、この世に一つしかない

どこかの遊園地で、大きくて丸い耳を持つ人気キャラクターの着ぐるみが、来園者のお客さんとせっせと握手したり写真撮影、よくある光景ですね。

この世に一匹しかいない人気キャラなのに、遊園地のお城の近くでお客さんと握手している一方で、園内の別のアトラクションで大活躍していたら、ガッカリです。

このように世界に一つしかないものというのは、それを夢みる人たちにとってはとても大切なものなのです。

そこで、その世界に一つしかない物の売買契約についてちょっと考えてみましょう。

例えば、AさんがBさんから、大女優がある映画で実際に着たドレスを100万円で買う売買契約を結んだとします。ところが、Bさんは、Aさんにそのドレスを渡す前に、誤ってそのドレスをゴミと一緒に焼却してしまいま

した。そうすると、もうそのドレスはこの世にありませんから、Aさんに渡すことはできません。怒ったAさんは、その売買契約を解除して、Bさんに損害賠償を請求しました。Bさんは自分の責任でドレスをなくしてしまったので、Aさんのいうとおり損害賠償を支払いました。ドレスの話はこれで全て解決となります。この世に一つしかないので、どんなに売り主がドレスを欲しいと言っても、ないものは渡せないのでしかたないわけですね。

2　特定物と不特定物

このような世界に一つしかないドレスを法律の世界では特定物といいます。特定物、つまり、特定の物は、大女優のドレスのように、この世にそれしかない物という場合もありますが、他にもあるけれども、この商品と特定されたものという場合もあります。

この商品と特定された物というのは、例えば、買い主が、「売り主の倉庫の中にあるお米10袋で、その袋に番号1から10と書いてあるもの」と指定すれば、「この商品」と指定された物が特定物となります。本来、お米は、米袋の番号が違っても品質等が同じならどれも一緒で、このような物を法律用語では不特定物といいます。しかし、買い主がその不特定物であるお米について、米袋に番号1から10と記載のあるものと指定している場合は、それが特定物となります。ですから、もし、売り主が、11番以降の番号の米袋を持って行けば、中身は同じでも契約違反となるわけです。

他方で、買い主が米袋の番号について特に指定していない場合、どの米でもよいということになります。しかし、そこで少し困った問題が起きます。世界に一つしかない宝物であれば、売り主がその宝物を失えば、それでその宝物を買い主に引き渡す義務は消えます（売り主の買い主に対する損害賠償に変わることはあります。）。

しかし、ある品質のお米のような場合、そのお米は、売り主の倉庫の中にあるだけではなく、世の中に沢山あるわけですね。仮に、売り主の倉庫が火事で燃え尽きてしまい、そこにあったお米も全部なくなったとしても、そのお米は世の中に沢山あるので、売り主の買い主に対するお米の引渡し義務はなくならないのです。そうすると、お米のような不特定物は、ちょっとやそっとの事情では売り主の引き渡し義務はなくならないことになります。それでは、売り主の負担が重すぎるので、法律の世界では、売り主が、買い主に、このお米を引き渡すと決めて、準備をして、買い主に通知するなど一定の要件が揃うと、不特定物は、特定物として扱われるようになり、その特定物として扱われるような物がなくなってしまった場合、損害賠償に変わることはあり得ても、その特定物として扱われるようになった物自体を、さらに別の場所から取り寄せて引き渡しをしなければいけないという義務は免除することにしたわけです。

3　法律に妙に詳しいこんな寿司屋の店主がいたら……

「今日は、来客が多いから、お寿司でもとろう。確か、あそこの寿司屋がうまかったな……もしもし、握りの特上5人前お願いします。できあがったら電話ください。ちょっとそちらの近くに行く用があるので、ついでに取りに行きますから」との注文。この注文の時点では、握りの特上という他の指定はありませんので、握りの特上は不特定物です。その後、お寿司屋さんは、この注文を受けてから、握りの特上5人前を作り、注文主のお客さんに、「できましたよ。取りに来てください」と電話したところで、不特定物は、特定物として扱われるようになります。と、ここまでは順調だったのですが、注文したお客さんに電話をした後、寿司屋の従業員が、誤って用意していたお寿司を桶ごとひっくり返してしまいました。その直後、注文主のお客さんが到着したのですが、お寿司は見るも無惨な姿に…。

店主はお客さんに、「すみません、注文いただいたお寿司ですが、お客さんが来られる少し前にご用意していたお寿司を桶ごとひっくり返してダメにしちゃいました。このお寿司は注文の時点では、不特定物だったんですが、お客さんに注文できましたよと電話させていただいた時点で特定物になっていたので、もうこれ以上お渡しする寿司はございません。申し訳ないですが、損害賠償の支払いで勘弁させてもらいます」と謝罪。これを聞いたお客さん、「あんた、何言ってんだか分からないよ。何でもいいから、早く作り直してよ」とお怒りのご様子。

この店主、けっこう法律に詳しいなーと感心…って、感心してる場合じゃないです。

この場合のお店側の解決方法は

(1) 店主の言うとおり、店が損害賠償を支払う

(2) 一刻も早く、もう一度、寿司を作り直す

このうち、(1)は、法律的に理屈は通っていないことはありませんが、常識的に間違っています。やはり(2)で頑張るしかないでしょう。ただ、もう一つ、注文したお客さん側からの解決としては、寿司屋との契約を解除して、別の方法で来客をもてなすということですね。

法律は生の社会のトラブルを解決するためのものですから、法律の理屈が正しいというだけでなく、常識にもよくマッチしないといけません。

7　税務調査から租税訴訟、刑事裁判まで

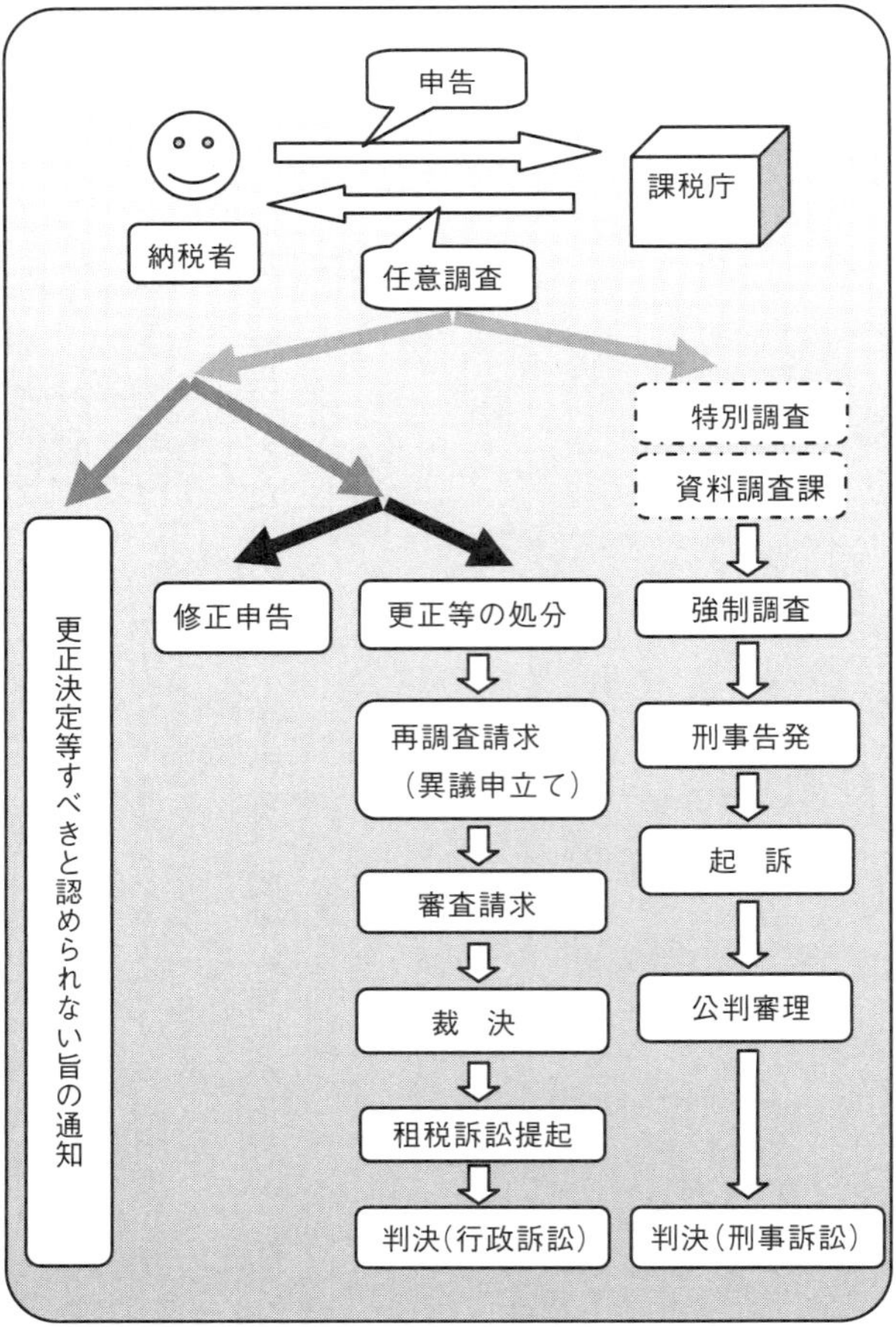

1　そもそもの始まりは税務調査（任意調査）

税務調査は、任意調査と強制調査に分かれます。任意調査は、納税者の承諾を前提として調査をするものですが、その調査の内容にも強弱があります。最も通常の調査は、納税者の誰もが調査対象となる一般調査です。大口の不正が見込まれる場合等は、税務署の特調班が行う特別調査や国税局資料調査課（俗に「リョウチョウ」といわれています。）の調査が行われる場合もあります。この調査は法的には任意調査ですが、具体的な調査方法としては、尾行や張り込みといった内偵による情報収集、組織的な調査の着手等、査察における強制調査の手法にかなり近い方法も行われています。こうした調査から犯則事件として立件されると、後に刑事事件として説明します国税局査察部による犯則調査（査察）が開始されます。

2　税務調査の結果、修正申告or更正の処分等、さらにその先……

税務調査の結果、更正決定等すべき点がない場合は、その旨の通知が納税者になされます。更正決定等すべき点がある場合は、課税庁から修正申告をするように勧められますが、納税者が修正申告に応じない場合は、課税庁が職権で更正の処分等をします。その処分に不服がある場合は課税庁に対し「再調査請求」(「異議申立て」)をします。これに対する決定に不服がある場合には、国税不服審判所に審査請求をすることができます。この審査請求を受けて、審判所は、提出された書面の審査、釈明、口頭意見陳述等の手続を経て裁決を下します。

この裁決に不服があれば、裁判所に行政訴訟として租税訴訟を提起できます。なお、租税訴訟の場合、訴訟を提起する前に必ず審査請求等を経なければならず、その手続を経ていないと訴え自体、不適法、つまり訴えのための法律の要件を満たしていないとして却下されます。これを不服申立前置主義といいます。東京地方裁判所においては、民事第2部、第3部等が、租税訴訟を担当します。ここには、裁判官の命により租税事件に関し調査をする専門の裁判所調査官が配置されています。この裁判所調査官は、国税庁から出向している税務の専門家です。第1審の地裁で出た判決に対して不服がある場合は、通常の事件と同様に高等裁判所への控訴、最高裁判所への上告をすることができます。

3　強制調査（査察）から刑事告発、起訴、刑事裁判……

話は戻りますが、税務署等の任意調査の結果、事案が大口で悪質であるということになると犯則事件として立件され、国税局査察部による強制調査に移行します。国税査察官らには、逮捕状を請求する権限はありませんが、裁判官の令状（臨検捜索差押許可状《りんけんそうさくさしおさえきょかじょう》）により犯則嫌疑者の事務所等に立ち入り、証拠を捜索して差し押さえる強制調査をすることができます（なお、国税徴収法違反はちょっと特殊で、徴税目的であれば、裁判官の令状なしに違反者の所有物を差し押さえることができるという「自力執行力」があります。最終的に刑事事件として捜査する場合は、国税徴収法違反で徴税目的で差し押えした物をあらためて刑事手続で押収しなおすことになります。）。こうした強制調査をしたことで、国税局において犯則嫌疑者の刑事責任を追及する必要があると判断した場合は、検察庁に対して刑事告発をすることとなります。そして刑事告発を受けた検察庁は、必要に応じて、犯則嫌疑者に対する逮捕状や捜索差押許可状を請求し、国税局と合同捜査で一斉に強制捜査に入るなどします。その際、逮捕状が発付されていれば、検察官において犯則嫌疑者を逮捕し、必要な取調べなどを行います。そして脱税等の事実が明らかになると、その事実に基づき、被疑者を裁判所に起訴し、公判審理を経て、刑事処罰が言い渡される判決宣告となります。

4 脱税捜査は、砂を噛むような地道な捜査……

私は、消費税法違反や国税徴収法違反等の捜査をしていたことがありましたが、いずれも大量の帳簿類を読み込み、組織的な経理処理のカラクリの解明、被疑者らの共謀状況の実態把握等大変な思いをしたことを今でもよく覚えています。

いずれの事件も、国税局の皆さんの協力を得て、なんとか帳簿の海を泳いでいるうちに、ようやくそこに現れた数字の意味を知り、金の流れをつかむことができました。

こうした金の動きの解明は、様々な証拠収集と隅々まで読み込むブツ読み（収集した証拠の分析）といった実に砂を噛むような地道な作業の繰り返しの賜物であり、国の財政は、まさに国税局の皆さんの並々ならぬ使命感と熱意に支えられているのだなと実感した次第です。

8　株式

1　株式って？

あっあれかー、財テクで儲けるためのあれでしょ、東証平均〇〇とかって……えーっと……高くなったり安くなったり、安いときに買って、高くなったら売って儲ける、その逆だと損する、そういうやつ。

そーそーそうです。でもそれって株式を投資からしか見てないですね。

ここで、株式というのを、ちょっと法律的に見てみましょう。

株式とは、「社員たる地位が均一な細分化された割合的単位」のことです。

おっと、いきなり難しくなってきました。こんな難しい言い方をするのは、後で出てくる説明で使うためなので、ちょっと我慢してください。いまの株式の定義を平たくいうと、会社をつくるにあたって、その会社にお金を出した人の会社に対する持ち分の割合を示すものということになります。

例えば、資本金１０００万円の会社をつくるのに1株10万円で出資を募ったとします。１０００万円÷10万円＝１００株ということになりますが、株主を一般から募集していて、誰が何株買っても自由としましょう。そこでA

が50株、Bが30株、Cが20株持つことになったとします。そうするとAが500万円、Bが300万円、Cが200万円をそれぞれ出資したことになります。

つまり、これは、ちょうどA、B、Cが1000万円のマンションを共同購入し、一つの物を所有することになったことと同じような感じになります。複数の人が一つの物を所有する場合ですので共有ということになります。共有といってもその権利の本質は所有権です。

所有権には
(1) その所有する物を使用する権利（使用権）
(2) その所有する物を利用して収益を受ける権利（収益権）
(3) その所有する物を処分する権利（処分権）
があります。この所有権という権利は民法で定められています。

ということは、株主になるA、B、Cも会社を所有しているようなものなので、同じような権利が認められているのですが、会社は、マンションなどの物ではないので、ちょっと権利の性質が異なります。そこで会社法という法律で、株式会社に対する権利者としての立場を所有者ではなく、株式を持つ社員としたのです。ここでいう社員というのは一般に言われるいわゆる正社員等の会社に雇われている従業員という意味ではなく、会社のオーナーというような意味です（ちょっと言葉が似ていて分かりにくいですが、株式会社に限らず、会社法の法律用語としての社員は会社のオーナーというような意味だと理解してください。）。そして、株式を持つ社員のことを株主といっているわけです。

株主は会社のオーナーです。オーナーですから会社に対し所有権と似たような権利をもっています。それを先ほどの所有権との比較で見てみましょう。

① 使用権に当たるもの
株主総会で議決権を行使するなど経営に参加する権利

② 収益権に当たるもの
会社の利益から配当を受ける権利

③ 処分権に当たるもの
実は、これは認められていません。そのかわりに、株式を譲渡することが認められているのです。株主は会社のオーナーですから、所有者として会社を自由に処分できそうですが、そんなことをすると株主がみんなやめたら会社はなくなって、他の職員や債権者が困ってしまいます。

だからといって、株主はその権利を絶対にお金にかえられないというのでは株主も困ります。それで株式の譲渡が認められています。

株式の譲渡が認められているので、冒頭で出てきたように、株式を投資の対象として売り買いができるわけです。

このように元来、所有権としての性質を有する株主の会社に対する権利は、会社が適正に存続し収益をあげていくという目的のために法律的な変貌を遂げて株式にいう社員権になったわけです。

2　なぜこような制度が必要なのでしょうか……？

ところで、なぜこのような制度が必要なのでしょうか？

この世の中には、遊んでいるお金（遊休資産）がいっぱいあります。これらのお金を少しずつ集めれば大きなお金になり、大きな会社がつくれます。大きな会社がつくれれば、大きな仕事ができて大きな収入を得ることができます。

そこで、冒頭に出てきた株式の難しい定義が再び現れます。

「社員たる地位が均一的な細分化された割合的単位」

このうち「細分化された割合」というのは細かく区切られたということですが、金額が細かくなればなるほど、一人一人が投資しやすくなりますので資本の集約が容易になるということがいえるのです。

それから「均一的な割合」という点、これは一株一株の価値が投資額に応じて平等に扱われるための前提ですが、これにより株主は納得した扱いを受けるわけで平等感があり安心していられます。

こうした制度があって初めて企業家は、世の中にある大量の遊休資産を集めて会社を誕生させ活発に経済活動をすることができるわけです。

少し難しい定義でもこうして考えながら見てみると、法律制度の根本部分を理解するのに大切な言葉が沢山入っていることがよく分かりますね。だから定義は大切なのです。

9　行政調査と刑事捜査の違い

1　行政調査と刑事捜査の違い

私は、以前、大蔵省銀行局（現在の金融庁）というところに勤務していたことがあるのですが、そのとき、ある地方の○○銀行に金融検査に行ったことがありました。その金融検査は、早朝7時過ぎころ、まだ出勤している行員が少ない時間帯に、朝駆けするというもので、まさに刑事事件の捜索差押えさながらの様相で始まりました。

私たちが、その銀行の職員通用門の前まで行き、警備員に身分証を示して、「大蔵省銀行局です。金融検査に来ました」と言うと、「ちょっ……ちょっとお待ちください」と警備員が一言、慌てて行内に入り出勤している行員を呼びにいきます。

数人の若い行員が血相を変えて駆けてくるや、「お疲れ様です。支店長がまだ来てませんが……」と息を弾ませながら対応したのですが、主任検査官はそんなことはお構いなしです。

「それはいいですから、とにかく検査を始めます」などと言い、もう有無を言わせず行内に入ります。そして、金庫を開けてもらって、金庫内にある帳簿類や契約書等の書類の調査の開始です。こうして警察捜査さながらの検査劇が始まります。

このように見ると、見た目には、やっていることは金融検査も刑事事件の家宅捜索も同じように見えますが、その中身は全く違います。

金融検査というのは、検査官が、銀行等の金融機関の店舗に立ち入り、その業務や資産内容等を調査し、業務の健全性や適切性を確保し、金融機関等の信用秩序の維持や預金者保護を目的として実施されるもので、行政機関による行政調査です。

これに対し、刑事事件の捜索差押えなどは、警察官等が、他人の家屋や建物の中に入り、犯罪の証拠になるものを差し押えて、犯罪事実を解明し、犯人の刑事責任を追及する捜査機関による刑事捜査です。

このように、行政調査と刑事捜査が相当に違うわけですが、その違いを分かりやすくしたものが次ページの表のようになります。

	行政調査	刑事捜査
実施する主体	行政機関	捜査機関
実施の目的	行政目的	事件の解明、犯人への責任追及
任意・強制	任意	原則任意だが強制あり
令状の要否	不要	強制捜査について必要

何かのテレビ番組で、病院で手術した患者が次々に死んでいくという「チーム・ホニャララ」という医療ドラマに、厚生労働省の役人が出てきて、病院に立ち入り検査をするという場面があったかと思いますが、それなんかは、まさに行政調査ですね。ところが、同じ厚生労働省の役人でも麻薬取締官が、麻薬密売の事実を調べている方は、刑事捜査となります。

この行政調査と刑事捜査の中間的なものもあります。

それが、国税局の犯則調査です。これは、やはり国税局による一種の行政手続であって刑事捜査等の刑事手続ではないのですが、実質的には、租税犯処罰を目的とする犯罪捜査手続としての色彩を有することも否定できません。犯則事件は、国税局が検察庁に告発すると、検察庁が刑事事件として捜査を開始しますので刑事事件とはある程度つながりがあるといえるでしょう。そのようなことから、国税局の犯則調査は、ざっくり言って、行政手続と捜査手続の中間的な位置づけになります。犯則調査には国税局が実施するものの他に、証券取引等監視委員会や公正取引委員会によるものなどがあります。

捜査かどうかもっと分かりにくいのは、いわゆる警職法による職務質問等です。職務質問は、まだ犯罪が行われる前の段階等で行われるもので、捜査のきっかけにはなるかもしれませんが、どちらかというと防犯目的の警察行政的な行為ということができるので行政手続的な色彩が濃いと思われます。

2　特別司法警察職員

今までは、行政手続（調査）なのに刑事捜査のように見える方向から説明しましたが、今度は、逆に外見的に警察官には見えない、つまり行政調査をやっているように見えて、実は警察権力を行使している人たちを見ていきましょう。

例えば、労働基準監督官です。彼らは普段、労働者の権利を守るための労働行政に従事しているわけですが、使用者が労働基準法に違反した行為をしている場合、それを検挙して、場合によっては、特別司法警察職員として捜索差押許可状や逮捕状を裁判官から得て被疑者の自宅を家宅捜索したり、被疑者を逮捕したりすることもあります。

変わったところでは、農林水産省の森林官があります。彼らも普段は、国有林を維持管理する仕事をしていますが、ひとたび国有森林の管轄内において森林放火や森林窃盗が発生すれば、国有林を守る特別司法警察職員として捜査することができます。この他、特別司法警察職員には、労働基準監督官や森林官よりは警察官としてイメージしやすいですが、海上保安官、自衛官、麻薬取締官等がいます。

いずれにしても、特別司法警察職員は、普段、行政手続をしているイメージが強いにもかかわらず警察官として活動するという意外な一面があり、彼らの外見や官職からすると行政調査と刑事捜査の区別がつきにくいかもしれません。

10　一部請求

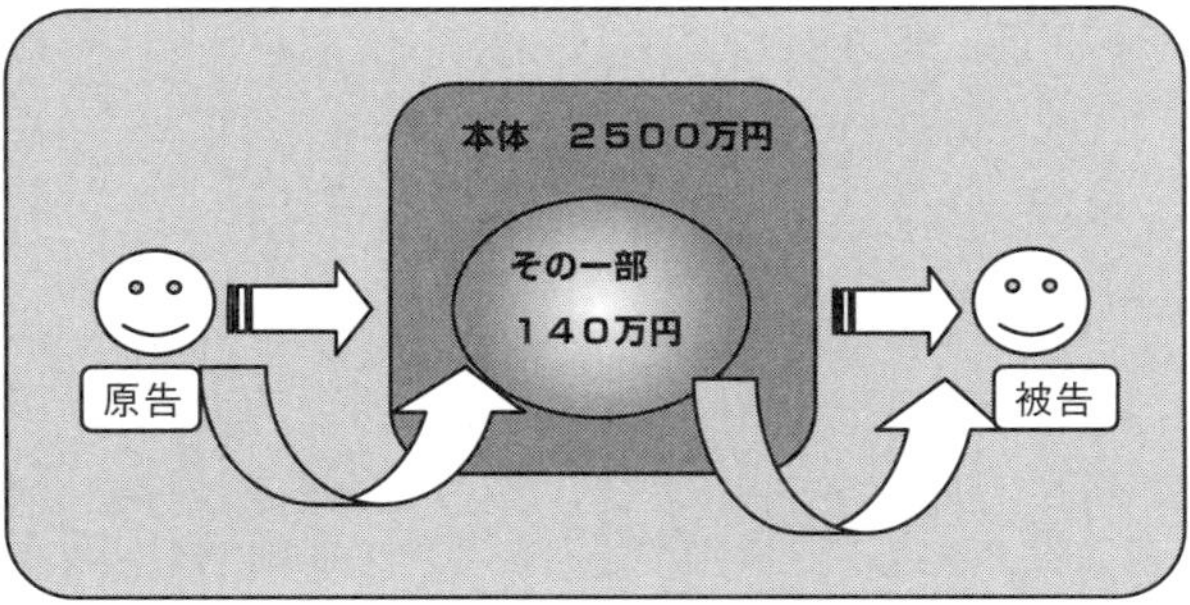

1　一部請求

原告は、被告に、２５００万円の貸金があり、全額、すぐに返還請求することができるとします。その場合、原告は、一度に２５００万円全部払えと被告に請求してもいいわけです。しかし、あえて全額を請求するのではなく、その一部を請求するということも民事裁判では認められています。これを一部請求といいます。

何で、こんなことをわざわざするのでしょうか？

いくつか理由があります。一つは、民事の裁判は、請求額に応じて、裁判にかかる費用（訴訟費用）が上がっていくので、その費用を少なく抑えようとすることが考えられます。その他に、試しで請求してみるというのもあります。例えば、原告側に何か不利な事情があって、仮に2500万円を一度に全部請求したとしても、全面勝訴できないおそれがあるような場合、高い訴訟費用を払って、リスキーな勝負に出るよりは、少額で抑えて、裁判の成り行きをみて、有利なようだったら請求額を増やすというようなやり方等です。

一部請求をするときに気を付けなければいけないのが、請求している金額は全体の一部ですよと訴状にきちんと書いて裁判所にも被告にも分かるようにしておかないといけないということです。そのようにハッキリと一部請求であると書いてないと、仮に、その裁判で全面勝訴になった場合、その一部請求だけで残りの請求額も全部決着がついたとみなされてしまい、その後、裁判を起こせなくなるおそれがあります。判決には既判力《きはんりょく》という力があります。既判力というのは読んで字のごとくですが、すでに判断された効力とでもいいましょうか、判決で決まった内容が上級の裁判所で争われる事なく確定してしまうと、同じ理由で同じ内容の事件を争うことができなくなるわけです。当たり前といえば当たり前ですね。一部請求も、これが一部であるとはっきり言わなければ、原告はただ遠慮して一部だけでいいと考えていると思われて、あとは既判力で残額は請求できないとされても仕方ないということになります。

2　全部請求したけれど一部しか認められないことも……

逆に、全部請求したけれど、裁判所の判断で一部しか認められなかったということもあるわけです。例えば、XがYに１００万円貸したけれども、Yは80万円しか借りていないと言って争ってきたとします。契約書などの証拠を調べたところ、XがYに貸したのは80万円だったとします。

Xは、契約書には80万円と書いたけど、それは、Yが額面をそのようにしてくれと言っただけで、本当は１００万円だなどと言い張りましたが、結局、Xの請求は20万円だけ一部棄却で80万円認められました。一部だけ認められたというケースとしては割と分かりやすいと思います。

これが仮に、証拠では１２０万円貸していたことが裁判所に分かったとき、XはYに対し１２０万円払えという判決は出せません。少し難しい言葉になりますが、処分権主義《しょぶんけんしゅぎ》というルールです。原告の求めている範囲で裁判をしなければならないという考え方です。

次に、ちょっとややこしいケースを見てみましょう。

Ａは車を運転してスーパーの駐車場から路上に出る際に、すごくゆっくりした速度で進行していたところ、Ｂの運転してきた自転車にコツンと軽く当たり、Ｂが少しよろけました。Ａの車もＢの自転車もほとんど傷らしい傷もなく、Ｂも転倒したわけでもなく、少しよろけただけで、事故当日は、警察に来てもらいＢに怪我はないということで、その場は済んだのです。ところが、その１週間後、Ｂは首が痛い、痛いと言い診断書を持って警察にやってきました。Ａの運転する車にはねられて全治３か月の頚椎捻挫の怪我を負ったというのです。そしてＢはＡに損害賠償として１００万円を要求してきました。Ａは、そんな話はおかしいと言ったのですが、Ｂはしつこく要求してきます。間が悪いことにＡの車は少しの期間ですが任意保険が切れたうえ、無車検・無保険の状態でした。Ａは自分が車の管理にだらしなかったことは反省しましたが、それにしてもＢの言い分はおかしいと思いました。そこで、Ａは、Ｂを相手に裁判所に訴えることにしたのです。

それが債務《さいむ》不存在《ふそんざい》確認《かくにん》の訴えでした。債務不存在確認の訴えというのは、ＡはＢに対し債務、つまり支払うべき金銭等はないということを裁判所に確認して欲しいという訴えです。ただ、Ａは、Ｂの怪我の直接の原因ではないとは思いましたが、自分が無車検・無保険の車に乗っていたことは申し訳なかったという思いもあり、またBの自転車にぶつかったという事実は否定できなかったので、少しはBの損害賠償の責任を負っていると思い、AのBに対する債務は10万円を超えては存在しないというような訴えにしました。それでも、Bの怪我の様子からしたら相当高額だとは思っていました。こうして裁判が始まったわけですが、この場合、裁判所がAのBに対する債務はせいぜい5万円くらいだろうと考え、5万円を超えて存在しないと判断することはできるでしょうか。

答えは、ノーです。これはできません。裁判所は、原告が求めている以上の判決はしてはならないことになっています。

AのBに対する10万円を超えて債務が存在しないという主張は、つまり、10万円は債務を負っているという主張とほぼ同じとみることもできます。これに対して、5万円を超えては債務は存在しないという判決は、逆に言えば、5万円は債務を負っていることと結局変わらないと理解することもできます。

そうすると、債務が10万円だと言っているAに、いやいや、あなたの債務は5万円しかありませんよと裁判所が返事をしているのとほぼ一緒になりますが、これでは、Aにとっては、自分の主張より有利な（大きな）内容の判決になるので、そういう判決はできないんですね。

ところが、20万円を超えて債務が存在しないというと、逆に言えば、20万円は債務がありますよ、ということとほぼ同じになり、Aにとっては、自分の主張している10万円の債務より不利な（小さな）内容の判決になるので、こういう判決はできるということなのです。

今の話、結局は、先ほど説明した処分権主義、つまり、原告の求めている以上の判決はできないというルールに則っていることが分かりますね。

このルールは非常に厳しく、原告の要求しているものを超えて裁判所が判断した場合には、違法な判決となります。

11　債務名義《さいむめいぎ》って何？

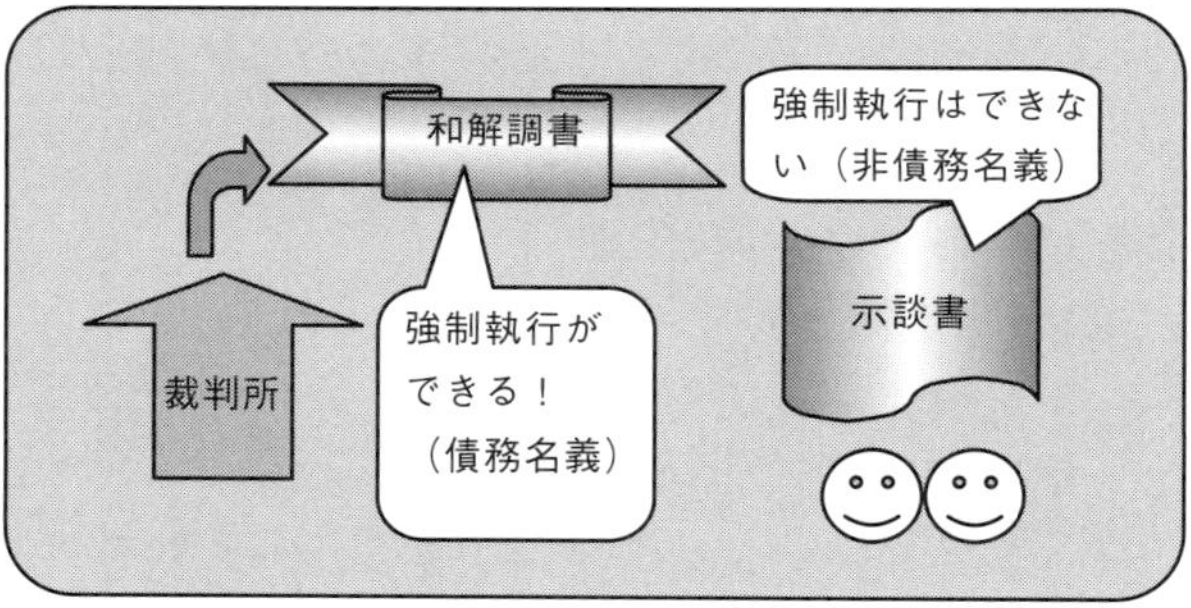

1　債務名義《さいむめいぎ》って何？

債務名義って、聞き慣れない言葉ですね。でも、民事事件では、とっても重要な言葉なんです。上のイラストを見てください。裁判所で、原告と被告の間で話し合いがまとまると和解が成立したということになり、その合意できた内容を調書にします。これを「和解調書」といいます。

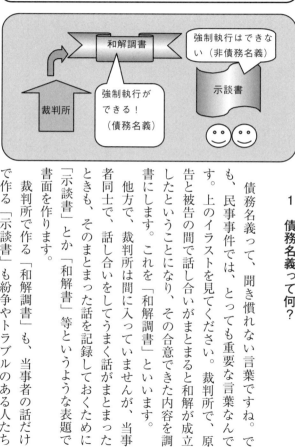

他方で、裁判所は間に入っていませんが、当事者同士で、話し合いをしてうまく話がまとまったときも、そのまとまった話を記録しておくために「示談書」とか「和解書」等というような表題で書面を作ります。

裁判所で作る「和解調書」も、当事者の話だけで作る「示談書」も紛争やトラブルのある人たちの間でまとまった話を記載してあるものですから、その意味ではあまり変わりないようにも思われます。

しかし、実は、法律的には、決定的に違うところがあるのです。

それは、その書面で強制執行ができるかどうかという点です。強制執行というのは、その文書に書いてある内容を司法の力で強制的に現実化させる手続のことをいいます。その強制執行ができるのが和解調書の方です。

このように、強制執行ができる和解調書のことを法律用語で「債務名義」といいます。債務名義というのは、ある人からある人への請求、例えば、貸していたアパートの部屋を明け渡せとか、売買代金50万円払えなどの要求が書面に書いてあり、それを一定の手続を踏んで裁判所に実現してもらうことができるという優れもので、和解調書の他にも様々な公文書が債務名義になると法律で定められています。

その代表格は、なんといっても「判決書」です。これまで出てきた和解調書や判決書の他に、裁判所が関与するものとしては、調停調書、家庭裁判所の審判書、仮執行宣言付支払督促といったものがありますし、公証役場で作ってもらう公正証書もあります。

これらに比べると、個人で作った示談書は、その約束の内容は明らかになりますが、債務名義ではないので、示談書を裁判所に持っていって、司法の力で強制的に示談書の内容を実現してもらうことはできないのです。

2　強制執行に必要な執行文？

さて、債務名義が強制執行をすることができる公文書であることはよく分かっていただけたと思います。しかし、実は、この債務名義だけを裁判所に持っていっても強制執行はしてもらえないんです。

例えば、判決を見てみましょう。東京地方裁判所で、「原告は被告に100万円を支払え」という判決が言い渡されたとします。この判決は、これ以上変更されることはないでしょうか？いいえ、そんなことはありません。日本の裁判所は三審制をとっています。被告が不服申立として東京高等裁判所に控訴することもできますし、その結果によっては、さらに最高裁判所に上告することができます。要するに地方裁判所等の第一審の判決はまだまだ争われて変更される可能性があるわけです。判決言渡の内容を知ったときから法律で定められた一定の控訴期間内に控訴しないと控訴する権利がなくなりますので、それでようやくその判決は確定ということになります。そして初めて強制執行が可能となる確定判決、つまりその内容が上級の裁判所で争われて変更される余地のない判決となるのです。そのために、その判決が確定したということを裁判所書記官に審査してもらって執行《しっこう》文《ぶん》というものを債務名義に付けてもらう必要があります（これを執行文の付与《ふよ》という言い方をします。）。

執行文というのは、その債務名義で強制執行ができますよということを示す文章が裁判所書記官の名義で記載されているものです。

執行文が付与されるためには、今お話しした判決が確定しているかどうかということの他にも、その債務名義の中身によって、実際に執行できるかどうか、審査する事項がいろいろあります。

和解調書を例にとりますが、和解調書で、Aは、Bに自動車を引き渡したときは、BはAに100万円を支払うと書かれていたとします。この意味は、Aが、Bに自動車を引き渡すことを条件に、BがAに100万円を払うという意味ですから、まず、AがBから100万円を受け取る前に、Bに自動車を引き渡したということを証明しなければなりません。この条件が満たされたことを証明できると、AはBに対して100万円の支払いの強制執行ができるようになるのです。この証明がうまくできたときに、Aは裁判所書記官から執行文《しっこうぶん》の付与を受けることができます。

こうして、執行文の付与を受けて、強制執行の申立てをして、債務名義が執行を受ける債務者のところに届く（送達《そうたつ》といいます。）と、いよいよ実際の強制執行となります。

3　そして、いよいよ、実力行使！

事件は、賃貸マンションの一室の明渡し。この部屋の借り主は、いわく付き、つまり暴力団系のよくない噂のある人で、家賃を払わなくなって半年もしたので、貸し主が我慢できずに裁判で訴えて、明渡しの勝訴判決を得たのです。

そして、強制執行の申立てとなったわけですが、そのマンションの部屋のカギが締めきったままにされていました。

その執行の本番、これを「断行」といいますが、いよいよ断行の日がやってきました。

執行官が、マンションのドアの前に立ち、「○○さん！いますか！部屋の明渡しをしてもらうためにきました。ドアを開けてください！」と大きな声で借り主を呼びました。しかし、相手は無反応です。すると、執行官は、「それでは断行します。ドアのカギを外してください」と強制執行の補助者に伝えました。その補助者は、いわゆる錠前屋さんですが、どうもカギが中から細工がしてあるようで、うまく開けられないようなのです。そこで、さらに執行官が、「ドアのカギを破壊してください」と指示を出し、錠前屋さんが電動ドリルを作動。ビィーン、ビィーンという鋭い音を立てたドリルの先がドアノブの鍵穴に白煙を立てながら食い込んでいきます。最後に「ガシャッ！」という大きな音を立ててドアノブはつぶれ、ドアが開きました。その部屋の中はもぬけの殻、中には大量のゴミとスチール製の机やら家具やらがめっちゃくっちゃに積まれ、壁は、壁紙が一部はぎ取られペンキがぐちゃぐちゃに塗られていました。借り主の嫌がらせです。家屋などの明渡し断行では、そのようなことはよくあるのです。中には動物の死骸、糞尿、さらには人間の首つり死体まであることもあります。判決の中身を実現する最後の強制執行の現場は、まさに民事紛争の泥沼で、綺麗ごとでは到底済まされません。そんな現場に丸腰の生身で臨む裁判所の執行官には全く頭が下がるばかりです。

おわりに

これまでいろいろと裁判や法律のことをお話ししてきましたが、結局、どんな理屈も全ては、最後の債務名義の話で紹介したように、法律とそれに基づく裁判の結果の実現、このためにあるものだったのです。これは刑事事件も同じことです。

どんなに立派な裁判でも、どんなに凄いことが書いてある法律でも、それが実際に目の前に形となって表れなければ、ただの絵に描いた餅に過ぎないわけです。

また、さらには、形になっただけでも十分とはいえません。

その形になったものが、本当の意味で権利の実現になっているのか、正直者がバカをみていないのか、よりよい社会のためになっているのか、その中身をよーく見定めなければなりません。

そのためにも、これまで以上に、身近な事件や裁判にもっと、もっと興味関心を持っていただければと思います。

「はしがき」で述べましたが、本書を読んでいただき、裁判や法律に関心を持っていただくことは、読者のみなさんの今後のライフスタイルなどに直接関わってくることもあるかもしれません。しかし、それは、単に個人のあり方や生き方にとどまらず、そうした小さな一つひとつのことが、よりよい法律ができていくための社会的な土壌となったり、よりよい裁判のための制度的な緊張感となったりしていくものと思います。

そして、それこそが、私たちの社会を、より健全で幸せなものにしていくのであろうと本書を送り出した著者として信じてやみません。

最後まで読んでいただき大変ありがとうございました。

あとがき

ハフィントンポスト日本版編集長　高　橋　浩　祐

「犯罪は社会を映し出す鏡だ」今から20年以上前、日本の新聞社で「サツ回り」こと警察担当記者をしていたころ、先輩記者からよくこう言われました。

犯罪は、社会のひずみを如実に浮き彫りにします。例えば、戦後の「経済大国」日本を特徴づけてきた分厚い「中流社会」はバブル崩壊後、「格差社会」に突入しました。この結果、何が起きたでしょうか。就職難や失業、貧困が犯罪の温床となり、私たちは自暴自棄に陥った多くの若者の犯罪を、秋葉原でもどこでも各地で目にするようになりました。

また、戦後は長屋住宅が徐々になくなり、隣人同士のコミュニケーションが希薄なワンルームマンションが増え続けています。そんな中、人を『モノ』として扱うような凶悪犯罪も起きています。ネット時代の到来で、人間関係がバーチャルになっていることもその背景にあるかもしれません。また、一人暮らしのお年寄りを狙った「振り込め詐欺」のように、犯罪被害はお年寄りや子供、障害者といった社会的な弱者に集中しやすくなっています。そして、日ごろ、私がネットニュースの編集長として見聞きしているニュースでは、凶悪犯罪は、東京といった中央よりもむしろ、過疎や高齢化で弱体化している地方で発生することが多く、日本社会のひずみが「末端」から起きている印象をもっています。

東京簡易裁判所判事の恩田剛さんが今回書かれた『裁判と法律あらかると』は、こうした「犯罪は社会を映し出す鏡」という言葉を十分に思い起させるものです。一般人はおろか、ジャーナリストでもなかなか触れることのできない隠れた事件事故や裁判のエピソードをふんだんに交え、読者をぐいぐいと引き込んでいきます。本書冒頭の「ママ、ごめんなさい」は、現在の児童虐待の現状、支援の在り方、制度の課題など私たちに問うています。

「危ないクスリのお話」も、きっと一般の読者が大いに興味を持たれるトピックです。有名なタレントや歌手が、覚せい剤や危険ドラッグ、マジックマッシュルームを摂取し、摘発されたり、問題を起こして病院送りになったりしていることは記憶に新しいです。現代社会がもたらす心の病や孤独感が、彼らをこうした薬物に向かわせているのでしょうか。恩田さんは、ガラスの破片の上でのたうち回って絶命した覚せい剤常習者の凄惨な最期を紹介しました。その危険性を十分に示し、警告を与えてくれています。

こうしたややもすると読んでいて気分が暗くなり、読むのをやめてしまいたくなるような悲惨な話題でも、読者を引き離さずに読ませてしまうのが恩田さんの人間的な魅力やテクニックでしょう。決して絶望に陥るわけでなく、きちんと背景や原因を解説して、これこれこうした方がいいですね、と優しくアドバイスをしてくれています。

また、専門用語が満載で、本来は難しいはずの事件事故、裁判の話も、一般の読者にとても分かりやすい言葉で書かれています。

私が恩田さんと出会ったのは、1992年に参加した日本政府主催の「東南アジア青年の船」でした。日本、タイ、マレーシア、シンガポール、フィリピン、インドネシア、ブルネイの各国から、それぞれ約40人の参加者が客船「にっぽん丸」に乗り込み、約3か月間寝食をともにしました。

恩田さんは船の上ではハッスルしており、すでにお子様がいたことから、「恩田パパ」とのあだ名がついたのですが、それが瞬く間に広まり、船の人気者となりました。恩田さんの明るく温厚で優しい性格が、どんな参加者も大きく包み込んでくれているようでした。このときの寛容なスタンスは、今回の本でも十分に発揮されています。

「東南アジア青年の船」の後、恩田さんは司法の道へ、そして、私はジャーナリズムの世界へと、それぞれたどってきた道は違うのですが、二人とも今も社会を良くしたいとの思いは失せていません。恩田さんの今回の著物は、途中経過報告書と受け止めております。続編に大いに期待しつつ、私も頑張らなければと気が引き締まる思いです。

〈ハフィントンポスト〉

ニュース速報やエンターテインメントの情報源として、2005年にアメリカ合衆国で誕生したインターネット新聞。

配信のみではなく、読者が活発に意見交換や対話を行うコミュニティーとなっており、サイトの訪問者は全世界で月間2億1400万人（2015年1月現在：コムスコア調べ）を数え、リアルタイムに寄稿するブロガーは、政治家、著名人、学者、政策専門家から学生にいたるまで10万人を超えている。

2012年には、イラク戦争、アフガン戦争の報道で、ピューリッツァー賞を受賞した。

アメリカ、イギリス、カナダ、フランス、日本、韓国外15カ国版が展開されており、日本版は、2013年5月、朝日新聞をパートナー企業としてスタートし、2015年7月に、月間1億ページビューのアクセス数を突破し、月間訪問者数も1500万人を超えている。

＜著者プロフィール＞
恩　田　　剛（おんだ　つよし）
昭和39年新潟県長岡市生まれ
昭和62年大蔵省銀行局に大蔵事務官として採用され、世界銀行監督者会議開催準備、立法作業、金融検査等に従事、平成3年東京地裁刑事部書記官となり、そのとき国際交流事業「東南アジア青年の船」に参加。その後、最高裁刑事局、総務局等を経て、平成11年水戸区検副検事、同15年東京地検検事、同17年長野地検検事、その後、同20年東京簡裁判事、同22年伊賀簡裁判事、同25年東京簡裁判事、現在に至る。
趣味は、バイク、クレー射撃、スキューバダイビング、一輪車（指導員）などのほか、自称アマチュア・イラストレーター（本書の挿絵・イラストはいずれも著者による。）。

主要著書・論文等
令状審査の視点からみたブロック式刑事事件令状請求マニュアル（立花書房）
借地借家関係　借地借家制度の概要及び賃貸借契約・更新「調停時報174号」（民事調停協会連合会）
陪審・参審制度　米国編Ⅱ、Ⅲ（翻訳）（司法協会）
簿記学習のススメ「富士見東京第14号」（富士見同窓会東京支部）
東南アジア事情「訟苑第60号」（全国裁判所書記官協議会東京地方裁判所刑事支部）

裁判と法律あらかると

2015年12月　第1刷発行
2020年2月　第2刷発行

著　者　恩田　剛
発行人　井上　修
発行所　一般財団法人　司法協会
〒104-0045　東京都中央区築地1-4-5
第37興和ビル7階
出版事業部
電話(03)5148-6529
FAX(03)5148-6531
http://www.jaj.or.jp

落丁・乱丁はお取り替えいたします。　印刷製本／（株）ディグ
ISBN978-4-906929-44-3 C0232 ¥900E